名师名校名校长

凝聚名师共识
团结名师关怀
打造名师品牌
培育名师群体

顾明远题

自主的力量

幼儿园“自主至臻”课程探索与实践

陈茜◎主编

陕西师范大学 出版总社 西安

图书代号　JY24N2569SY

图书在版编目（CIP）数据

自主的力量 : 幼儿园“自主至臻”课程探索与实践 / 陈茜主编. -- 西安 : 陕西师范大学出版总社有限公司, 2024. 12. -- ISBN 978-7-5695-5231-7

Ⅰ. G612

中国国家版本馆CIP数据核字第20250DJ109号

自主的力量——幼儿园“自主至臻”课程探索与实践

ZIZHU DE LILIANG——YOU’ERYUAN“ZIZHU ZHIZHEN”KECHENG TANSUO YU SHIJIAN

陈　茜　主编

特约编辑　侯俊蕊
责任编辑　李广新
责任校对　王　越
封面设计　言之凿
出版发行　陕西师范大学出版总社
（西安市长安南路199号　　邮编 710062）
网　　址　http://www.snupg.com
印　　刷　北京政采印刷服务有限公司
开　　本　710 mm×1000 mm　1/16
印　　张　15
字　　数　245千
版　　次　2024年12月第1版
印　　次　2024年12月第1次印刷
书　　号　ISBN 978-7-5695-5231-7
定　　价　58.00元

编委会

主　编：陈　茜

副主编：粟小玲　郑敏婵

编　委：易柏余　罗丽秀　董贝贝　谷米华　廖静莎

吴佳文　唐鸿雁　练文秀　朱乐平　张莹莹（小）

宋静红　陈喜婷　邱　奕　张莹莹（大）

邓　湉　徐　迪　陈佩茵　张曼玉　郑雨恬　杨方齐

序一：追寻自主的力量

在如今日新月异的时代下，教育的角色和意义不断被重新定义。作为一名学前教育工作者，我有幸见证了无数教育理念的更迭与革新。学前教育应该培养什么样的孩子？为国家输送什么样的人才？对这些问题进行思考，我每每都能从教育实践的场景中寻到答案。

“自主至臻”课程是又一次教育实践中的创新。“自主”是一种精神，同时也是一种能力。详阅我国学前教育领域的众多文件，如《幼儿园教育指导纲要（试行）》《3—6岁儿童学习与发展指南》《幼儿园教师专业标准（试行）》等，会发现其中皆蕴含着“自主”的精神内核。“至臻”是追求卓越，不断趋于完美，表明课程是希望幼儿在我们的幼儿园生活与学习中不断趋于强大、完善和美好，教职工也要追求卓越。在竞争、变革，每天都要面临选择与压力的社会背景下，未来社会更需要具有创新精神、批判性思维和自主学习能力的卓越接班人。我们迫切需要一种教育模式，能够从小培养孩子们独立思考和自我探索的能力。将个体自主性的培养作为园本课程建设的核心可以说是十分具有前瞻性的。布吉街道中心幼儿园所构建的“自主至臻”课程正是考虑到这些，以涵养和激发幼儿自主性为主轴，营造有益于幼儿主动发展的环境，深度挖掘幼儿内在的自主性潜力，培养其成为能够自主生活、自主学习和自主创造的终身成长者。

翻阅本书，我时常感动于布吉街道中心幼儿园幼教人对园本课程坚持不懈的探索以及追求自我成长的精神力量。这样的印象可能来自我与陈茜园长的交往。依稀回想起和陈园长的第一次通话，她满怀热情地向我细数他们课程探索过程中的粒粒“珍珠”，同时也诉说着她在课程实践中的困惑。一个月后，在陈园长的带领下我走进了幼儿园，像陈园长所说的那样，这里的每一个角落都洋溢着童真与活力，孩子们的欢声笑语、老师们的青春活力……让人感受到生命最本真的美好。陈园长提出的自主性园本课程在那一刻也被具象化了，就像她所说的：教育的美从来不只有当下，它蕴含着创造未来的力量。

园本课程建设是每个幼儿园孜孜以求的事业，打开本书，我们能清晰地看到陈茜园长所带领的团队在这方面的探索，他们多年的实践所得如数奉上，这些都是十分宝贵的经验。本书有几个特点：第一，前瞻性。“自主至臻”课程构建紧跟教育时代发展需求，面向未来儿童的发展需要，是非常有意义的教育实践探索。第二，操作性。理论篇章所展现的课程顶层设计逻辑清晰，每个部分辅以案例说明，具有较强的参考性和可复制性，可供幼儿园在园本课程建设时借鉴。第三，真实性。书中所呈现的案例真实且图文并茂，生动且清晰地呈现课程所要传达的“自主性”内核，可成为同行参考的活动案例。

本书让我对布吉街道中心幼儿园前瞻的教育理念、鲜活的教育场景以及他们对幼儿教育的深厚情怀所感动。我也对参与课程实践的幼儿教师们表示最深的敬意，他们以满腔的热情和专业的知识，将教育理念转化为实际的教学活动，为孩子们的成长提供了丰富的土壤。

希望这本凝聚了布吉街道中心幼儿园全体学前教育工作者教育智慧的著作为广大学前教育工作者带来借鉴和启发。

广州大学教授、博士生导师 叶平枝

2024年9月10日

序二：审与理，推动课程自主生长

八年前，我们开启了园本课程建设的探索之路，并以“自主性”命名。今天，看见课程建设充盈着旺盛的生命力，欣喜之余倍感幸福！

遇见与适应

2016年5月，我从深圳市龙岗区机关幼儿园到深圳市龙岗区布吉街道中心幼儿园担任园长。新的岗位无疑是一个挑战，但也激励我奋勇向前，不断学习，努力提升自己的管理水平。为了尽快融入新的环境，我按照自己心中的节奏慢慢开展工作，一是仔细阅读园所历史资料，了解园所发展背景；二是投身教育教学第一现场，走近孩子，走近老师，观摩班级教学，了解了本园的教学模式；三是通过会议讨论、教研培训等方式，较快地熟悉了本园的管理方式。另外，作为园长的我，有义务有责任充分了解员工的工作需求，在上任的第一个月中，我与69名教职工进行了谈心交流。通过这样的方式，我迅速地融入这个温暖的集体中。同时，在与教职工的良好互动中，我深深地认识到他们是一支具有无限潜力的队伍，他们渴望在专业成长的道路上得到突破和发展。

对话与探索

在适应了新环境之后，我时常会与自己对话：“作为园长的我，一所理想的幼儿园是怎样的呢？如何做好园所文化的传承、融合、发展？如何在信息大爆炸时代，不随波逐流，坚持自己的教育主张？如何在充满挑战和竞争的大环境中，寻求新的突破？我们需要构建什么样的课程，培养怎样的孩子，培养怎样的教师？……”当一个人遇到困难，迷茫的时候，最好的办法就是向书本学习，因为书中自有答案。这时候我翻阅了大量的专业图书，其中一套图书中高瞻课程（High/Scope）的经验与具体做法——“学习环境的设置、一日生活的弹性安排、幼儿的主动学习”给了我很大启迪，我在脑海里萌发了构建园本课程的想法，试图用园本课程的探索与实践，促进幼儿的全面发展，助推教师的专业成长。这个想法得到了幼儿园领导班子的一致认可。接着我们翻阅了大量的园本课程图书，结合《幼儿园教育指导纲要（试行）》《3—6岁儿童学习与发展指南》等文件精神以及园所实际情况，提出了构建自主性园本课程的计划。我们认为人的自主性素质是现代人的基本特征，自主性素质的发展和培养是素质教育的灵魂。未来社会充满着太多的不确定性，每个人都将面临机遇和挑战，在这样的社会环境中，只有具备较高自主性素质的人才能更好地把握人生的机遇，实现人生的价值。培养幼儿的自主性不仅能使幼儿成为一个有主见、有创意、能独立做事和不断向自我挑战的人，同时也是时代赋予我们的使命。因此，我园构建了“自主性”课程。

重塑与发展

课程改革是实施高质量学前教育的必由之路。我园的自主性课程的构建不是静止不变的，而是一个实践、反思、调整、再实践的动态发展过程。随着《深圳市幼儿园课程建设指引》试行文件颁发，以及基于在课程建设中遇到的问题——如何做到文化和课程一脉相承？如何让课程各要素之间的逻辑性更系统？如何让课程更好地落地？如何让老师们在实践中找到抓手和工具？如何让课程更加园本化、地域化，彰显深圳气质？……2022年12月，我们与专家对话，邀请广州大学博士生导师叶平枝教授、深圳市莲花二村幼儿园原园长王微丽、深圳市龙岗区教师发展中心学前教育部原教研员张静，先后5次入园进行园所文化的顶层设计和课程审议，在“自主性”课程基础上，提出了“自主至臻”课程。“自主至臻”课程的理念为“自主发展，至臻生长”。“自主至臻”课程建设不是空中楼阁，而是在我园长期的课程探索中，做到了园所文化的传承和发展，使我园更加明确课程愿景及具体实施路径，使其课程体系更加具有逻辑性和完整性。

本书是布吉街道中心幼儿园教师团队的实践研究成果，内容具体分为两个篇章。上篇主要从理论视角来呈现“自主至臻”课程体系，在这一板块中，不仅有理论的深度，还有实践的宽度，列举了鲜活的案例作为支撑，从理论和实践层面为阅读者展示了完整的课程体系，相信能给园本课程的顶层设计者带来启发和思考。下篇主要从实践视角，紧跟“自主至臻”课程的步伐，通过“兴趣驱动—自主探究—自主反思”的主题实施路径，以大量篇幅记录了9个真实、鲜活、生动的主题案例，呈现了幼儿在自主生活、自主学习、自主创造三大方面的发展，让读者既能看到教师在课程实践中的深层思考，又能感受到儿童的学习与成长，对一线教师具有很强的启发和指导意义。

课程探索无疑是艰辛的，本书的出版凝聚了太多人的心血，得到了太多人的帮助。在此，向他们表达我衷心的感谢。感谢参与课程研究的老师、孩子和家长：是老师们的拼搏，共筑了我们课程探索的道路；是孩子们的纯真，激发了我们课程建设的灵感；是家长们的支持，坚定了我们积极探索的步伐。感谢叶平枝教授、王微丽园长、张静园长，是她们的专业指导，为我们的课程探索之路指明了方向。一路上有你们的陪伴，我们是幸福的！

课程建设没有最好，只有更好。我们的课程改革还在持续地深入推进中，感恩遇见，感谢阅读，期待在字里行间与您产生共鸣！

2024年9月1日

目录

上篇 “自主至臻”课程构建

下篇 “自主至臻”课程案例

上篇

“自主至臻”

课程构建

"自主至臻"课程概述

课程是幼儿园的核心，课程建设是园所发展的生命线。幼儿园教育与其他学龄阶段教育不同，没有国家统一规定的课程方案，但园本课程的建设也不是毫无方向地随意生长。幼儿园的课程是从园所扎根生长起来的，基于园所课程基础建设的具有园本性、生长性的高质量课程。幼儿园教育关乎个人成长，也关乎社会、国家和民族的发展。因此，幼儿园课程既要顺应幼儿的自然发展，又要符合国家、社会对幼儿成长的期待。

1972年联合国教科文组织的报告《学会生存——教育世界的今天和明天》提出终身学习的概念，"建设学习型社会"逐渐成为各国政府的决策理念，"学习应该成为人一生的事业"成为广泛共识。培养具有终身成长能力的学习者至关重要，特别是近年来人工智能的快速发展，对人们教育、学习等观念产生了较大的冲击，传统的被动式的学习和教育模式已经不能满足社会发展对人才培养的需求。这些迫使我们思考：当面向未来的时候，我们应该如何进行教育？我们想要让孩子获得什么样的发展？我们想要培养什么样的孩子？这也成为我们园本课程建设首要思考的问题。

我园自1991年建园以来，一直跟随时代的发展要求和结合本园的实际情况对园本课程展开长期的探索。我们从国家政策找答案，从地区发展找答案，最终找到了自己的答案，那就是培养愿意主动学习、追求自我成长的人。那么，什么样的人愿意不断追求自我的成长呢？我们认为是具有自主性的人，一个自主的人具有自我成长的内在动力。自主性指行为主体按自己意愿行事的动机、能力或特性。"按自己意愿行事"包括：自由表达意志，独立做出决定，自行推进行动的进程，等等。基于这样的考量，幼儿园确立了"种下自主的种子，奠基美好的未来"的办园宗旨。我们认为孩子像一粒种子，这些种子都有着"自主"的内核，我们不知道每颗种子会长成什么样，但我们知道那是他们自己喜欢的模样，他们的未来应该由他们去创造。在这样的办园宗旨下，我们奉行"幸福同行，成就儿童"的办园理念，深知教育不是代替，而是启发，是成就，让孩子在教育中找寻自己，发现自己，成就自己，实现自己的人生价值。

在这样的办园宗旨和办园理念下，"自主至臻"课程诞生了，课程致力于培养能够自主生活、自主学习、自主创造的终身成长者。这是我们的追求，更是我们的使命。

"让孩子不断走向更美好的自己"，这是自主的力量！

很幸运我们一起见证。

一、课程建设背景

（一）国家及地方政策指引

"自主"在学前教育领域相关文件、学者研究及幼儿园实践中多出现在对幼儿游戏状态的描述，如自主游戏等。很长一段时间，自主和游戏被捆绑在一起，将自主等同于游戏，这很显然是一种简单对应。"自主"不是简单的某种形式表现，而是一种精神的表达，从这个角度来看我们国家学前教育领域诸多文件，会发现其中都渗透着"自主"的精神。下表为国家及地区政策文件中关于幼儿"自主"表现的描述。

国家及地区政策文件

文件	摘选
《幼儿园教育指导纲要（试行）》	幼儿园既要高度重视和满足幼儿受保护、受照顾的需要，又要尊重和满足他们不断增长的独立要求，避免过度保护和包办代替，鼓励并指导幼儿自理、自立的尝试。提供自由活动的机会，支持幼儿自主地选择、计划活动，鼓励他们通过多方面的努力解决问题，不轻易放弃克服困难的尝试。提供自由表现的机会，鼓励幼儿用不同艺术形式大胆地表达自己的情感、理解和想象，尊重每个幼儿的想法和创造，肯定和接纳他们独特的审美感受和表现方式，分享他们创造的快乐
《3—6岁儿童学习与发展指南》	幼儿身心发育尚未成熟，需要成人的精心呵护和照顾，但不宜过度保护和包办代替，以免剥夺幼儿自主学习的机会，养成过于依赖的不良习惯，影响其主动性、独立性的发展。还要引导幼儿学会用心灵去感受和发现美，用自己的方式去表现和创造美

续 表

文件	摘选
《幼儿园教师专业标准（试行）》	教师应鼓励幼儿自主选择游戏内容、伙伴和材料，支持幼儿主动地、创造性地开展游戏。提供更多的操作探索、交流合作、表达表现的机会，支持和促进幼儿主动学习
《深圳市幼儿园课程建设指引（试行）》	幼儿是有能力的主动学习者，教师应充分尊重幼儿的主体地位，建立民主、平等的师幼互动关系，强调幼儿的参与性，倾听幼儿的观点并回应他们的想法和建议，邀请幼儿参与活动的计划、实施和评估，甚至参与课程决策

（二）园所所处地区文化及地域优势

深圳市龙岗区布吉街道中心幼儿园1991年开园至今，已有30多年的历史，位于布吉商圈核心地带。布吉是一个历史悠远的城区，在历史推动下形成了传统文化与现代文明相融、产业结构多元、交通便利、创新创业氛围浓厚的区域特色。布吉在时代变迁中展现出积极进取、追求进步、持续发展的城市品质，一座城市的品质彰显在这座城市的一草一木中。幼儿园有幸陪伴布吉建设与发展三十余载，布吉紧跟时代步伐、追求持续发展的城市品质也对幼儿园文化建设及教育追求产生深刻的影响。

（三）园所课程发展历史及已有积淀

我园课程从1991年发展至今，不断探索和改革，尝试更适合孩子学习发展的教学方式。园所课程探索经历了以下几个阶段：分科课程（1991年—1999年）、区域活动课程（2000年—2013年）、主题综合课程（2013年—2016年）、“自主至臻”课程（2017年至今）。

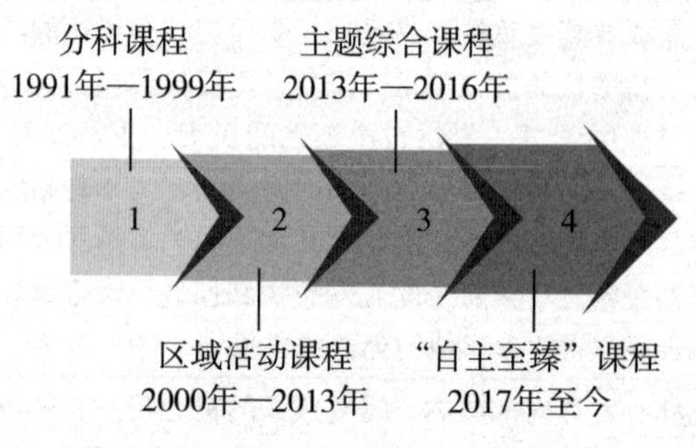

布吉街道中心幼儿园课程发展历程图

课程发展的每个阶段，我们都在不断思考课程存在的不足与问题，从薄弱之处切入新的做法。我们利用地域优势，广泛地吸纳国内外先进的教育思想，借鉴"方案教学""高瞻课程""瑞吉欧教育"等优秀教育方案的理念和方法，结合本园实际探索自己的园本课程。

我园打破以课堂教学为主，游戏、生活活动为辅的传统观念，将集体活动与小组活动、正规教学活动与非正规教学活动等形式进行有机结合，将学科的目标、内容渗透到幼儿园各项活动中去，充分发挥教师主导作用，加强了教师的教育意识，使幼儿获得更好的发展。例如，在"社会"这一领域中，除了社会环境和文化方面的内容以课堂形式及正规教学活动对幼儿进行教育外，将社会行为规范、人际交往关系方面的目标和内容融入幼儿生活活动、游戏活动和全园性大活动中，如升旗、跳蚤市场、参观地铁站等，幼儿在园的每一个活动、每一个环节均渗透教育，使得现有的学科领域课程有了新的生存价值。

随着社会发展，我们也在不断思考园本课程应如何改变才能帮助孩子更好地适应未来社会的发展。我们的思考和实践在园所"自主至臻"课程实践中得以体现，我们认为应当加强培养并发展幼儿的自主性。自主性是人的品格特性，是人的素质的基本内核。人的自主性素质，是现代人持续发展的基础。未来社会是一个充满竞争、不断变革的社会，每个人都不断面临选择和压力。在这样的社会环境中，只有具备较高的自主性素质，才能更好地把握人生的机遇，实现人生的价值。培养幼儿的自主性，这也是时代赋予我们的使命。因此，我园提出了建构"自主至臻"课程的计划，并在不断修订和完善的过程中，找寻自身价值，为实现更高的目标不懈奋斗和努力。

二、课程资源

幼儿园开发利用独特的课程资源是其园本性彰显的关键，直接影响课程内容的选择与课程的实施。幼儿园课程资源既是课程内容的来源，也是课程实施的条件。课程资源的开发能够丰富幼儿学习的内容，实现不同领域学习的融合，同时，资源在课程实施中的有效利用，能够极大扩展幼儿学习的空间，实现学习空间的有序联动，促进教师教学方式和幼儿学习方式的变革，也能推动家园社联合共育，共同为幼儿营造良好的学习环境。

（一）课程资源的开发和利用遵循的原则

在确保课程的有效性和可持续性的基础上，课程资源的开发与利用需要遵循一定的原则和指导方向，以满足幼儿的全面、自主发展。

1. 资源的可访问性

物理可访问性：资源应放置在幼儿容易触及的地方，如低矮的书架、易于打开的抽屉等，让幼儿看得见、摸得着、好操作。如果班级中有特殊需要照顾的幼儿，教师则需要提供额外的辅助设备，如坐轮椅可以靠近的桌子、斜坡等。

认知可访问性：资源应适合幼儿的认知水平，使用简单明了的语言和图像，确保幼儿能够理解和使用。对于不同语言背景的幼儿，教师需要提供多语言版本的资源。

情感可访问性：资源应能够激发幼儿的兴趣和参与感，通过色彩、形状和互动性吸引幼儿的注意力。教师应鼓励幼儿自由探索资源，同时提供必要的支持和引导。

2. 评估和改进

应当定期评估资源的使用效果以确保它们符合幼儿的学习需求，并可以持续引导幼儿增加经验。通过观察幼儿的使用情况、参与度，通过问卷调查、小组讨论或个别访谈等方式来收集教师和家长关于资源使用情况的反馈，随后根据评估结果对资源进行适当的更新和改进，如替换过时的材料和学习内容、增加新的活动和工具以确保资源的有效性和发展性。

3. 安全保护

物理安全：课程实施过程中，教师应该确保任何资源的使用安全。例如，确保玩具和材料符合安全标准，无毒、无尖锐边缘，定期检查和修缮。

数字安全：信息网络资源中，教师要确保使用安全的网络链接、限制幼儿访问不适当的内容、家园联系App应有适当的隐私保护措施，且幼儿使用新技术时均应在教师及工作人员的保护和监督下进行。

情感安全：教师应创造一个温暖积极、支持性和非评判性的环境，让幼儿感到安全和被尊重。教师应确保所有幼儿都有平等的机会使用资源，并鼓励幼儿积极互动和合作。

总体来说，所有资源的开发与利用都应该为了幼儿自主性，这需要获得多方的支持、持续的完善和细节的打磨。

（二）课程资源开发和利用的园本化行动

资源≠课程资源，只有让资源真正发挥作用，资源真正有效地促进幼儿的发展，“物”的形态资源最终转化为精神形态的幼儿经验，才是课程资源。因此，现实中的自然资源、社会资源等，需要经过分类、筛选、分析、利用后方可进入幼儿园课程，成为真正的课程资源。在课程资源的开发和利用中，我园经历了“挖掘—筛选—利用—建立”四个阶段的探索与实践。

1. 多方参与挖掘资源

充分发挥教师、家长、幼儿的力量挖掘资源。老师们通过寻找、走访、调查、收集的形式盘点园内、园外五公里与幼儿生活相关的现有资源，激活“我与生活”“我与文化”“我与自然”“我与社会”的关系，绘制本园和周边课程资源地图，并将地图上的资源分类进行细化标注。我园的家长群体为附近小区居民，有些家长是土生土长的深圳人，他们对园所周边的各类资源非常了解。根据课程开展需要，我们会通过调查问卷的形式向家长收集资源。同时，我们还从幼儿的经验和兴趣出发，鼓励大班幼儿参与资源讨论，挖掘感兴趣的资源，绘制园内外活动资源地图设计稿。最终，将老师、家长、幼儿收集的资源信息进行汇总。

家长视角——社区资源地图一览

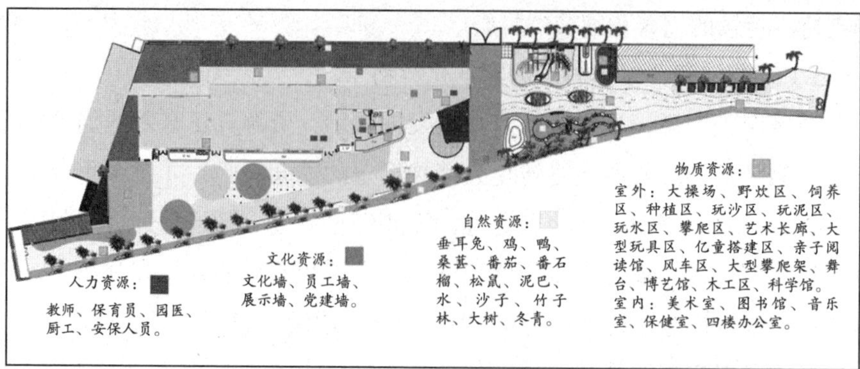

教师视角——园内资源地图一览

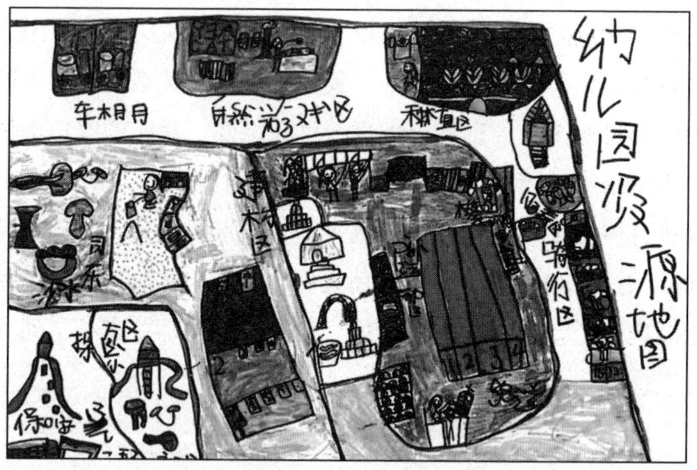

幼儿视角——幼儿园资源地图

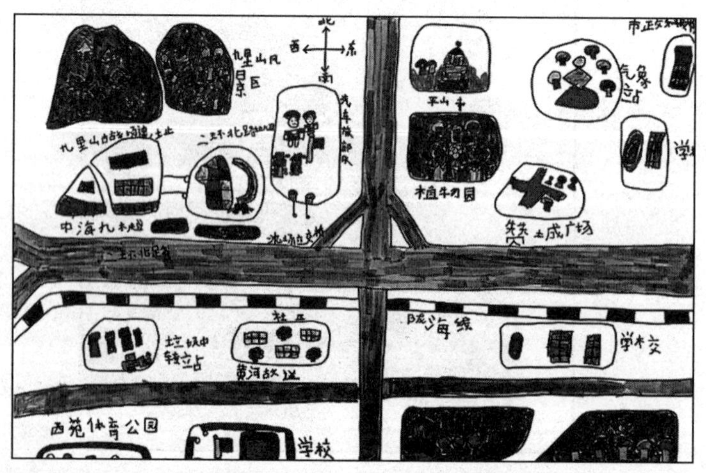

幼儿视角——幼儿园周边资源地图

2. 对接《3—6岁儿童学习与发展指南》筛选资源

汇总的资源能否与孩子们生活经验对接生成活动，我们以年级为单位对园内外各类资源进行梳理，以《3—6岁儿童学习与发展指南》中各年龄段的发展目标为抓手预设资源，深入分析资源价值。

幼儿园课程资源规划表（小班）——以自然资源为例

资源一级类别	资源二级类别	可用资源内容	对接《3—6岁儿童学习与发展指南》可能发展经验	可能引发活动	实施建议
园内	自然资源	树林	1.喜欢接触大自然，对周围的很多事物和现象感兴趣。 2.认识常见的动植物，能注意并发现周围的动植物是多种多样的	科学：《小树叶找影子》 美术：《树叶喷画》 语言：《秋天的画报》 科学：《拜访大树》 艺术：《彩砂画》 社会：《找秋天》 健康：《蚂蚁搬家》	为幼儿提供一些有趣的探究工具，和幼儿一起发现并分享周围新奇、有趣的事物或现象，通过拍照和画图等方式保留和积累有趣的探索与发现。和幼儿一起通过户外活动、参观考察、种植和饲养活动，感知生物的多样性和独特性，以及生长发育、繁殖和死亡的过程
		花草			
		农作物			
		动物			
		昆虫			

3. 利用资源生成课程

课程资源开发利用的过程就是不断跟着孩子，和孩子一起经历的过程，寻找资源与课程的连接点，从幼儿的经验和兴趣出发，挖掘资源的有效教育价值，进而生成适合幼儿发展的一系列活动。在课程资源开发利用的整个过程中，教师要支持幼儿主动将资源转化为课程，让资源走进幼儿的生活和学习。

【案例】

餐后散步是幼儿每天都会做的事情，有一天我们走到了饲养区，一颗白白圆圆的蛋打断了孩子们散步的节奏。"这个蛋可以吃吗？这是鸡妈妈生的蛋吗？这个蛋里有小鸡吗？"散步结束后，孩子们对蛋的兴趣并没有消失，他们经常问：我们吃的是幼儿园的鸡妈妈下的蛋吗？鸡妈妈怎么孵蛋宝宝呢？……看来，对于鸡蛋，孩子们有太多想要了解和需要了解的内容，就这样，关于

“蛋”的探索也随之展开了。在这个活动中，利用家庭资源，孩子们收集并认识了不同的蛋，知道了蛋的结构；而且在爸爸妈妈的帮助下，孩子们获得了可以孵出小鸡的受精的蛋，最后顺利孵出小鸡，还给小鸡们做了家。此外，还可利用其他丰富的园内外资源开展活动，如带孩子们去农场向养鸡的农人了解怎么孵蛋，听听医生妈妈的健康鸡蛋饮食小建议，看看厨师们怎么做出好吃的蛋制品……

4. 建立幼儿园课程资源档案库

课程资源档案建立的目的在于帮助园所对园本课程建设做出恰当定位，并对本园课程资源进行系统整理，进行课程资源的内容转化，指导教师更好地利用已有资源进行教育教学活动。课程资源库创建、使用的过程就是课程园本化的过程，也能体现课程的生命力。

从资源分布空间的角度审视，分为人力资源、物质资源、文化资源和信息网络资源（辅助资源）。人力资源和物质资源又分别包括园内资源和园外资源。信息网络资源（辅助资源）则从可使用的工具、可下载的资源和幼儿可触及的新技术三个维度展开。下面表格是幼儿园部分课程资源一览表，详细内容请见附录一。

幼儿园部分课程资源一览表

类型	名称		内容
人力资源	园内资源	园内教职工	园长、教师、园医、厨师、保安等
	园外资源	家长以及社区资源	眼科医生、牙科医生、小学老师、教练等以及社区保安、物业管理人员
		中兴洗车场	洗车场、汽车、洗车工
		布吉派出所	警察、派出所
		消防站	消防员、消防设施、消防车
		木棉湾地铁站	地铁、地铁站、售票机、线路图
物质资源	园内资源	幼儿园饲养区	垂耳兔、鸡、鸭、松鼠
		幼儿园种植区	番茄等各种蔬菜、桑葚树、番石榴等
		幼儿园沙水区	水、沙子等
		功能室及大型设备	美术室、图书室、大型玩具等

续表

类型	名称		内容
	园外资源	木棉湾佳兆业商场	商场、电影院、钱币、收银台
		深圳地铁公园	绿皮火车
		信义荔山公园	荔枝树
		文景社区公园	昆虫、公园
		石芽岭公园	泥土、树叶
		风地岭	光、植物
文化资源	园内资源	园所文化展示墙	园所办园理念、教育理念等
		活动照片展示墙	活动照片等展示
		各类活动开展	六一、亲子运动会、主题活动、结题会等
		家园共育活动	家长会、家委会、家长义工等
	园外资源	大芬油画村	扎染、灰塑、油画
		布吉火车东站	铁路、火车
		甘坑客家小镇	客家建筑、乡村田园
		布吉老街	陀螺、皮影、跳蚤市场
		东江潮红色文化博物馆	红色展览
		深圳文博宫	汉服
信息网络资源（辅助资源）	可使用的工具		微信小程序：幼师早知、幼师贝壳。微信公众号：学前智库、Children Research
	可下载的资源		公开课：教视网、浙江微课网。教案、课件：屈老师教案网、当代学前教育网
	幼儿可使用的新技术		人工智能（Artificial Inteligence，简称AI）：大芬佳纷天地、丹竹头星悦天地乐高编程。虚拟现实技术（Virtual Reality，简称VR）：布吉万象汇乐客VR游戏、全息投影技术

三、课程理论基础

（一）建构主义学习理论

建构主义学习理论强调以学习者为中心。在课程中，幼儿通过与周围环境的互动将获得的新信息和经验与已有的知识结构相结合，从而建构新的理解和意义。"自主至臻"课程特别强调将学习的主动权赋予幼儿，鼓励幼儿通过实际操作和探索来构建经验；认为学习的过程是个体与他人、环境互动积极建构经验的过程，并强调教师在幼儿学习探究中提供引导和支持，创造丰富的学习环境，从而实现个人经验的内化和提升。在"大芬油画村"项目中，幼儿通过模拟实际环境，如画廊和画室，在实践体验、操作中探索和尝试不同的绘画技巧，幼儿的艺术素养以及团队协作和问题解决能力都获得提升，极大赋予了幼儿学习的意义和价值。课程同时关注了幼儿的最近发展区，在课程实施过程中，教师不是简单将知识传递给幼儿，而是提供幼儿学习的支架，幼儿通过探索、实验、讨论和合作的方式，积极参与到学习活动中，不断构建和重建经验结构。

（二）自我决定理论

美国心理学家德西和瑞安提出了自我决定理论，其强调内在动机提供了促进个体学习和发展的自然力量，它在没有外在奖赏和压力的情况下可以激发行为。内在动机持续存在和激发具有三大基本需求，其中自主性是内在动机存在的基本心理需求之一。对幼儿自主性的激发和保护是幼儿内在动机维持的基础，自主性强的幼儿活动时内在动机会更强，在课程的整个实施过程中具有更强更足的学习和探索劲头。"自主至臻"课程的设计非常注重激发或充分调动幼儿的自主性，教师为幼儿提供选择和自主学习的机会，同时创设支持幼儿自主行动的环境，通过营造宽松自由的心理环境和在日常师幼互动中激励幼儿自主行为以强化自主意识。

（三）教育社会生态学理论

教育社会生态学理论关注个体与周围环境的关系，强调环境对个体发展的影响。"自主至臻"课程在课程实施过程中注重营造家庭、幼儿园和社区的多元环境，关注各种环境系统之间的互动关系。首先，在整个实施过程中，课程以布朗芬布伦纳发展心理学的生态系统理论为基础，整合家庭、幼儿园和社区的有益环境资源，为幼儿提供启发性的学习环境，创造安全和支持性的生活氛围，促进幼儿自主性的培养。其次，发挥关系在幼儿自主性培养中的重要作用，特别关注师幼关系、亲子关系的互动质量，借助激励性日常评价为师幼互动、亲子互动提供具体的互动要点，通过日常对幼儿自主行为的激励性引导，

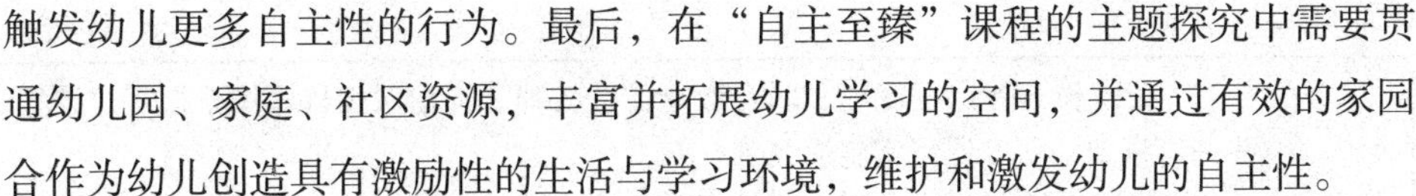

触发幼儿更多自主性的行为。最后，在"自主至臻"课程的主题探究中需要贯通幼儿园、家庭、社区资源，丰富并拓展幼儿学习的空间，并通过有效的家园合作为幼儿创造具有激励性的生活与学习环境，维护和激发幼儿的自主性。

（四）有意义学习理论

有意义学习是"自主至臻"课程的最终追求。有意义学习强调新的学习经验与学习者个体之间是否发生实际的作用，以学习者是否能够获得高阶认知思维发展并具有解决问题的能力，以及将所学经验进行迁移或创造性运用作为重要特点。值得一提的是，幼儿的有意义学习以自主性发挥为基础，以自我主动学习为特征，幼儿的学习是自动自发的，不断促进其全面发展以达到自我实现。在课程实施过程中，创设问题情境，以问题为导向触发幼儿进行深度探索，提供适宜支架，使幼儿的学习实现从被动接受到主动建构的转变，促使有意义学习的发生，并在此基础上进一步引导幼儿走向深度学习。

四、课程管理与保障

（一）科学管理，健全组织架构

为推动"自主至臻"课程建设，幼儿园成立由园长、教学园长等组成的课程领导小组，进行园本课程的整体架构、开发、实践与评估。园所设有党建部、行政部、研训部、督导部、资源部，不同部门在课程建设中发挥不同的作用。

课程管理小组实行园长负责制，由园长领衔，副园长、教研员、教学主任、教师代表共同组成领导小组，整体规划幼儿园课程建设。课程领导小组的职责：课程开发、编制、质量评价及日常的课程管理。下表为人员具体分工安排。

课程管理小组表

组长： 园长	1.把握幼儿园课程发展的方向，对课程进行总体规划设计，确定课程理念。 2.采取有效措施，整合园内外各方力量，建立起行政管理人员、教职工、专家、家长、社区工作人员的多方合作互助关系，共同推进园本课程的发展。 3.因地制宜，统筹各类教育资源，为课程实施提供支持与保障。 4.与教职工共同研究制定符合教职工自身特点的专业发展规划，为教职工搭建成长平台，建立激励机制，支持他们有计划地达成专业发展目标。 5.善于倾听、理解教职工，发现和肯定每位教职工的闪光点和成长进步，帮助教职工建立归属感和幸福感

续 表

副组长：副园长	1.协助园长开展课程规划，联合教研员、教师，构建课程目标体系，搭建课程内容框架，研究课程实施途径等。 2.持续跟进课程实施过程，评估课程实施成效，定期向园长反馈，组织教师共同商议、调整、优化方案。 3.深入班级了解一日活动和师幼互动过程，共同研究保育教育实践问题，形成协同学习、互相支持的良好氛围。 4.带领教研员共同制订并实施教师研训计划，为教师提供丰富、多样的学习培训和交流展示机会，支持教师专业发展
教研员、教学主任	1.深入班级了解教师课程实施的情况，观察、收集教师在实践中遇到的问题，为教师提供改进策略，和教师一起解决困难，帮助教师提高课程建设能力。 2.有机结合理论和实践，借助课题研究等活动，在行动研究中优化课程建设。 3.定期组织教师开展园内研训活动，提高研训质量，增加教师，梳理总结课程实施经验
教师	1.关注幼儿的卫生保健、生活照料和安全防护，注重保教结合。 2.根据幼儿兴趣和需要，做好班级课程与教学的设计、组织与实施，参与课程决策和教学讨论，开发与积累优秀课程案例等。 3.开展积极的师幼互动，以身作则，培育幼儿正确的价值观和积极态度，促进幼儿身心健康发展。 4.与家长建立信任、支持的关系，邀请家长参与课程建设和实施，听取家长建议，形成教育合力。 5.与社区人员建立友好关系，充分挖掘和利用资源开展教学活动

（二）常态管理，做好机制运营

以“自主至臻”课程为核心，立足于园所课程保障机制，建立常态化运营机制，使课程保障机制切实起到发挥促进课程不断完善的作用。合理、完善的制度有助于幼儿园园本课程逐步走上系统化、科学化、规范化的轨道，保证课程实施的效果和价值，促进课程的可持续发展。我园建立了课程审议制度、计划审阅制度、课程监控反馈调整制度、教研活动制度。

1. 课程审议制度

优化课程审议，在每一个主题实施时都要进行课程前审议、课程中审议、课程后审议。

教研组与教师根据教材和幼儿情况筛选主题，从主题目标、区角设置、教学内容的筛选和补充、家长社区资源的利用、环境预设等方面进行深入的研讨，制订学习活动计划表，由园长、业务园长审阅通过，各班老师根据计划表安排本主题教学内容。在实施过程中明确分工，优化合作，发挥集体智慧，做到资源共享，优化课程实施过程。实施后对值得分享和有困惑的教学活动进行再次审议，提出需要改进或努力的地方，及时调整，以推动下一轮主题的实施。

2. 计划审阅制度

（1）业务园长与教研组长根据幼儿园教学实际情况罗列本学期文案资料内容并制表，开学前一周由园长审阅通过。

（2）开学前三天，业务园长针对幼儿园文案资料格式、撰写要求、注意事项开展一次业务培训，文案资料要求统一格式、统一纸张打印。文案格式内容有调整时，要对全体教师进行重点培训。

（3）各教研组及全体教师，每学期初都应根据幼儿园对保教工作提出的总体目标和具体要求，认真制订班级教学工作计划；老班级开学一周内完成，新班级开学一月内完成，期末认真做好总结。

（4）开学初提前两周备课，平时提前一周备课。认真抓好教学过程的六个基本环节，充分做好教学的各项准备，不上无准备课，杜绝不备课、无教案进教室现象。

（5）保教主任和教研组长定期对教师的文案资料做检查、批改、反馈，对不符合要求的资料要求调整修改，并对教师撰写的各类计划记录情况和结果及时做好记录；月底做好教师的考核工作，与每月考核挂钩，奖优罚劣。针对考核发现的具体不同的情况，采用业务培训、个别指导、活动评比、师徒带教、会议反馈等具体措施进行改进与调整。

（6）园长不定期抽查教师的文案资料，全面系统地了解教师的备课能力、课程理念和工作态度，做好引领与指导工作。及时做好分析与反馈，学期末作为课程实施分析报告的依据之一。

3. 课程监控反馈调整制度

（1）成立课程实施领导小组。组长由园长担任，副组长由业务园长、保教主任担任，组员由中层干部成员担任。

（2）做好课程资源库管理。园长规划幼儿园课程；各部门负责人协助推行课程计划，进行课程研究与常规管理工作，管理好课程资源库。

（3）做好课程实施过程反馈并制定课程调整的计划方案

首先，监督课程实施过程。收集信息，为客观反映幼儿园课程实施情况做好日常的积累工作。定期组织课程组成员进班观摩教师活动，依据当前的研究重点了解教师实践中的问题与需求。

其次，建立检查评价制度。依托教代会、园考核小组等，定期检查各部门课程计划落实情况，及时分析评价。每月一次课程小组例会，共同分享课程进程中的新发现，协商解决问题的途径、方法。就课程运作过程中存在的问题、面临的困难、需要解决的难点等方面进行汇总、交流，共同研究思考相应的解决策略。

再次，形成课程实施阶段性分析报告。根据会议反馈与商议结果，围绕“幼儿园课程实施方案”的执行情况，由组长撰写课程实施阶段性分析报告。课程阶段分析报告在全体教师会议上宣传，硬件设施环境方面的问题采用购买材料、添置硬件、规划空间等方法解决，如暂时不能解决的，则列入规划中。

最后，制定课程调整的计划方案，解决课程实施中存在的问题。教育教学理念、方法方面的问题采用专题辅导、现场答疑、业务培训、教学示范、协调教育资源等方法来解决，以“调整、补充、替换”为手段，实现课程实施的不断推进。

（4）课程调整计划方案的动态性评估，建立由教工、家长、社区、专家组成的监督小组，重视多方面的反馈评价，根据实际情况及时加以调整，以保证课程计划的有效改进和落实。学期末开展家长对幼儿园工作、教师工作要求的问卷调查，撰写幼儿园课程质量分析报告，各条线部门根据质量分析报告中尚存在的问题，对新一年工作提出调整意见。

4. 教研活动制度

每学期初，幼儿园各教研组根据幼儿园保教工作重点制订工作计划，提出具体工作目标，安排具体活动内容与时间，采取保证措施，计划要切实可行。

（1）建立常态教研制度：每月召开一次教研组长例会，学习课改前沿信息、教研组建设优秀文章；汇报教研进展；商讨幼儿园课程实施和各项活动的推进。开展大小教研的联动，大教研重理念的引领，小教研重实践的检验；每学期大教研活动不少于5次，小教研活动不少于8次。

（2）以问题为导向制订教研计划：教研有主题，能围绕新课程实践中本园教师的实际问题，展开有针对性的教研活动，力求做到每次活动有目的、有内容、有所得。教研组制订教研计划必须经过五个环节：

① 全体参与研讨教学困惑和专题需求，确立主要方向。

② 中层以上参与拟定切入点、搭建初步框架。

③ 专家引领或者自培情况下教研组长参与计划的撰写、学期活动的规划。

④ 中层以上参与研讨明确教研目标、计划修订。

⑤ 组员学习与修订，一致通过，以期达到教研活动较为理性的效益。

（3）做好教研过程性管理：教研要营造平等、自主的研讨气氛，鼓励每位教师参与讨论，充分表达自己的真实想法，并做好教研记录。教研除宽松、自主的氛围外，还要追求实效，教师们能通过学习、反思、研究，在互动与碰撞中，形成对某一问题的初步理解和基本共识。教研组长在活动过程中，能够引发问题、推动讨论，并不断梳理概括、提升总结，发挥教研组长的引领、协调作用。

（4）注重教研后追踪反馈：教研后，给教师提供实践指导支持，有目的、有计划地组织各种观摩课、研究课、公开课，探索教学规律，推动教学改革。建立师徒带教，以老带新，以新促老，帮助新教师熟悉业务，协助老教师总结教学经验。各教研组长做好平时的各类计划记录检查、专题研究等工作，听评课常态化，定期了解教师的教学情况，及时向分管领导报告工作，反映教师的意见和需求，以便于分管领导改进工作。每学期至少组织1—2次环境创设观摩活动，每学期组织进行1—2次"集体备课"实践研讨活动、1—2次示范课或研讨课活动。学期或学年结束时，做好教研工作总结，存入幼儿园业务档案。

“自主至臻”课程体系

作家余华在一次采访中，这样比喻一位作家对他写作的影响：树木在成长的时候需要阳光的照耀，但重要的是，树木在阳光的照耀下成长时，是以树木自己的方式在成长，不是以阳光的方式在成长。教育是什么？雅斯贝尔斯说：“教育是一棵树摇动一棵树，一朵云推动一朵云，一个灵魂唤醒另一个灵魂。”教育之美在于成人，让每个人成为他自己。“自主至臻”课程给予孩子空间，让他们拥有广阔的舞台；给予孩子时间，让他们拥有从容的生活；给予孩子权利，让他们描绘自己的童年。“自主至臻”课程是让个体在支持自主的教育环境中自然生长，实现自我发展。

一、课程内涵与理念

（一）课程内涵

1. 对“自主”的解释

“自主”是课程的核心，指行为主体按自己意愿行事的动机、能力或特性。我园“自主至臻”课程中的“行为主体”主要指幼儿，“按自己意愿行事”包括：自由表达意志，独立做出决定，自行推进行动的进程等，有独立性、主动性、创造性三个特点。对自主的培养渗透在幼儿园教育的整个过程。课程以培养和支持幼儿自主为起点，通过创设生活化、游戏化和探究性的学习氛围和条件，并营造家园社共育的支持环境，实现幼儿的自主学习和发展。

2. 对“至臻”的解释

“至臻”是课程使命所向。“至臻”意思是使达到卓越的状态。在“自主至臻”课程中，“自主”是因，“至臻”是果，“至臻”用来描述一种教育理念和追求，即致力于引导和支持幼儿达到其潜能的最大化，实现个体的最佳发展。它要求教育者在教学实践中始终关注幼儿的发展潜力，通过科学合理的教学设计和实施，帮助幼儿自我实现，不断走向更完美的自己，最终成就自我。

3.“自主至臻”课程

“自主至臻”课程，寓意着每个幼儿在幼儿园的滋养下、在自主探索中成长为全面发展、充满活力和创造力的个体。课程是在促进幼儿全面发展的基础上，突出对幼儿自主性的激发。课程以幼儿自主性涵养和激发为主线，提供支持幼儿自主生活、自主学习、自主创造的条件，营造有利于幼儿主动发展的环境；通过培养学生的自主学习能力和持续学习的动力，真正调动幼儿内在自主性的潜力，促进幼儿走向自我完善，成就最美好的自己，成为一个自我发展的终身成长者，使其在未来的人生旅程中能够不断自我完善，追求卓越。

（二）课程理念

“自主至臻”课程理念如下所示：

自主发展，至臻生长。

课程旨在营造支持幼儿自主发展的教育环境，帮助幼儿获得自主生活、自主学习、自主创造的能力，成为能够自主发展的终身成长者，趋向自我最美的状态。

1. 课程应以生活化、游戏化为基础

“自主至臻”课程理念认为，课程应紧密联系幼儿的实际生活，课程设计应从幼儿的生活中来，回归到幼儿的生活中去。因此，课程的自主探究活动紧密贴合了幼儿的实际生活，如“大芬油画村”等主题活动，让幼儿能够在模拟真实的生活情境中学习。此外，以游戏为载体的课程活动能够激发幼儿的学习兴趣和自主性，游戏化的、寓教于乐的学习方式使幼儿在快乐中成长；游戏不仅是幼儿学习的手段，也是他们探索世界、表达自我和解决问题的方式。

2. 在深度学习中推动幼儿自主性发展

深度学习是指幼儿在兴趣和问题解决的内在动机驱动下，主动积极地探究并解决问题，丰富和发展认知、情感、能力和个性，并将学习所得迁移到新情境中的一种学习。深度学习是推动幼儿自主性发展的关键。“自主至臻”课程强调为幼儿提供多种多样的操作和体验机会，结合幼儿的兴趣和经验开展以问题为核心的主题探究活动。在问题解决过程中，教师通过支持孩子们查阅资料、讨论和实际动手操作，鼓励和引导其进行长时间、多角度的探究，促使孩子们的思维从低阶向高阶发展，从被动接受知识向主动学习转变，逐步提升其自主思考、自主学习和独立解决问题的能力。

3. 强调学习环境对其自主性发展的重要作用

我们看到了家园社共育对幼儿的自主发展的重要性和不可替代性，因此在课程实施过程中积极邀请家长和社区成员参与，强调幼儿园、家庭和社区的紧密合作、共同助力。我们也看重支持性的物质环境和心理环境创设，活动中教师精心创设课程的物质环境，提供多元化的学习资源，鼓励幼儿自主选择和探索，让幼儿在与环境的互动中实现自主学习。在心理环境方面，我们注重培养幼儿的自由表达和自我生活的能力，教师的积极反馈则能够帮助他们建立良好的情绪管理能力。

二、课程框架与课程特点

（一）课程框架

“自主至臻”课程在课程理念引领下，以培养自主生活、自主学习、自主创造的终身成长者作为课程总目标；将园所丰富的课程资源从生活、自我、自然、社会四个板块进行整合，在此基础上进行预设性的跨领域内容组织，给予教师、幼儿可生成的活动空间；课程实施贯穿于一日生活中，活动组织实现跨时间、空间的整合，利于幼儿可持续地深度探究，实现深度学习。在这过程中营造家园社共育的良好教育环境，多方共融促进幼儿发展；课程评价以多模态评价的方式兼顾综合性、个性化、多样性、可靠性、促进发展等特点，注重对被评价对象的发展和成长的促进作用，能够真正帮助幼儿、教师、课程不断发展。

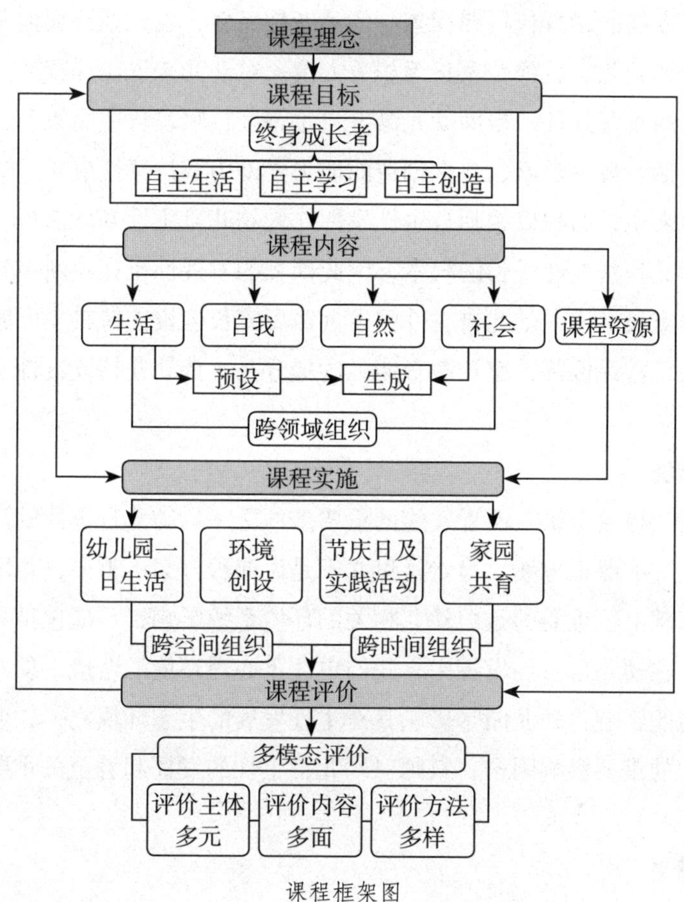

课程框架图

（二）课程特点

1. 自主性

幼儿自主性的唤醒与维持是"自主至臻"课程的最终归属，自主性是本课程的核心品质。在"自主至臻"课程中，自主性不单指向对幼儿培养目标的需求，对教师同样重要。幼儿自主性的发挥有待于教师自主性的发挥，教师无法传授给孩子他所没有的东西，教师没有自主性，幼儿自主性的培养也就无从谈起。在本课程中，自主性不仅针对幼儿，对教师自主性的发挥更是前提要求。我园特别重视营造宽松、自由的教师团队氛围，树立教师的主人翁意识，在日常教研、教育教学工作中鼓励教师积极参与，自我反思、自主行动。

2. 发展性

发展是"自主至臻"课程的应有之义，这里的发展不仅指向幼儿，好的课程是不断发展的，既包括课程本身的动态性完善，也包括课程内其他要素的持续发展，如幼儿、教师、家长等相关人员。对幼儿来说，课程通过提供支持幼儿自主性的教育条件，帮助幼儿激发自主态度，触发自主决策和行动，培养幼儿自主生活、自主学习、自主创造的能力，助力其持续性成长，达到自我实现。对教师来说，课程以教师自主性发挥作为幼儿自主性发挥前提，而教师自主性的发挥又是其专业成长的根本，因此课程的发展性也在不断引领教师的专业发展。对家长来说，幼儿自主性的发挥需要家长创设支持自主的家庭氛围，如激励性的日常评价等，家长教育能力的提升是支持幼儿持续良性发展的长期支架。

3. 重环境

环境是“自主至臻”课程实施的重要条件之一。幼儿自主性的激发不能仅依赖结构良好的课程方案，当然这里并不是说课程方案不重要，相反课程是基底，在此基础上更重要的是与幼儿相关的环境系统影响，环境包括物质环境和心理环境。在幼儿自主性发挥中，我们更注重心理环境的营造，幼儿的成长受其周围环境的影响，幼儿园是影响其自主性发展的生态环境之一，而教师又是这个环境中的重要影响因子，教师对幼儿自主性的发挥起着至关重要的作用，家庭亦然。

4. 有意义

有意义是“自主至臻”课程实践的落脚点。有意义在课程中体现在两个方面：一是对幼儿学习的要求，即课程能够创造幼儿有意义学习的条件，进而支持其走向深度学习，如主题内容的选择、主题活动的设计、师幼互动的方式等；二是对于幼儿个体发展来说，有意义体现在对其终身成长的价值，即幼儿的学习应对其发展具有持续影响作用，这就需要对课程目标进行考量，基于对“我们想要培养什么样的孩子？想要通过课程让孩子获得什么发展？”的考量来通盘设计与建设园本课程。“自主至臻”课程就是在这样的思考下，将课程的核心聚焦在“自主性”培养上，希望通过创设发挥幼儿自主性的教育环境，使幼儿在自主性驱动下进行有意义的探究性学习，帮助其获得自主生活、自主学习、自主创造的能力，达到自我实现，走向有意义的人生。

三、课程目标

（一）课程总目标

“自主至臻”课程以培养自主发展的终身成长者为指向，遵循《幼儿园教育指导纲要（试行）》《3—6岁儿童学习与发展指南》精神，立足幼儿发展需要，充分挖掘区域自然及社会资源，营造多方共融的教育环境，支持幼儿自主探索和发展，培养自主生活、自主学习、自主创造的终身成长者。

（二）课程具体目标

1. 自主生活

对幼儿的期待是成为现在以及未来“爱生活”的人。我们认为爱生活的人首先爱自己，其次爱他人，表现为愿意为了自己的健康努力，能够很好地照顾自己，在此基础上具有较好的亲社会性，乐于与他人交往，并能够积极看待和较好地适应生活中的变化。

2. 自主学习

幼儿对世界充满好奇，对未知的事物有深度探究的愿望和能力，善于打破砂锅问到底，在持续探究中满足好奇心，这促使其走向深度学习并获得更好发展。对幼儿的期望是幼儿是爱学习、会学习的人。学习不是指只发生在幼儿园的狭义的学习行为，学习是人一生的事业，爱学习、会学习的人才能够实现自我的持续成长。

3. 自主创造

创造是一个民族发展的不竭动力，也是一个人面对未来世界不可或缺的关键能力。对幼儿的期待是幼儿成为“善创造”的人。尽可能地挖掘人的创造潜能是现代教育改革的一大趋势。在本课程中自主创造强调对幼儿艺术素养的培育。

基于此，我们结合《3—6岁儿童学习与发展指南》，将自主生活、自主学习、自主创造进行具体阐释。

课程总目标表

一级目标	二级目标	具体目标
自主生活	身心健康	拥有健康的体格，良好的体态； 保持情绪的稳定并能够进行自我调节

续 表

一级目标	二级目标	具体目标
自主生活	生活独立	具有自我照护的意愿和能力； 乐于接受任务并尝试独立完成，具备独立生活的能力
	乐于交往	乐于参与群体活动并在其中感到快乐； 喜欢交朋友并具备发展良好人际关系的方法和能力
	积极适应	有规则意识，并能够自觉遵守； 能够积极面对和较好适应新环境； 愿意独立接受新任务并敢于表达自己的需求
自主学习	善于表达	善于倾听并能够主动进行回应； 能够较好地理解他人并能通过多种方式较好地向他人准确表达自己的需求； 能够通过更加复杂的符号、形式表达自己的想法
	好奇好问	对周围事物保持好奇心并能够主动发现问题，尝试解决问题； 愿意通过多种方式探索周围世界，并在亲身体验、动手操作中收获学习的喜悦
	专注探究	能在观察基础上对事物发展进行描述、比较、分析； 在探索过程中对行为产生的结果具有自主判断并进行归因的能力； 能够主动地投入较长时间的观察，并尝试归纳观察结果； 能用数字、图画、图表方式记录并归纳收集的信息
	问题解决	能更深入地投入对周围世界的探究，在探索中了解周围事物更复杂的规律； 能主动发现并提出好问题，能够自主分析问题； 能够尝试独立自主地解决问题，并能够独立制定初步解决方案
自主创造	心灵手巧	思维流畅、敏捷且动手能力强； 体验多种艺术形式，积极表达对艺术作品的感受与喜好
	乐美善创	喜欢欣赏和探索美好的事物，理解多元艺术； 有丰富的想象力和创造力，具备一定的艺术表现能力，享受艺术创作

（三）课程年龄阶段目标

在"培养自主生活、自主学习、自主创造的终身成长者"的课程总目标指引下，"自主至臻"课程以《3—6岁儿童学习与发展指南》为准则，形成布吉街道中心幼儿园"自主至臻"课程目标总表。

课程各年龄阶段目标表

<table>
<tr><th rowspan="2">一级目标</th><th rowspan="2">二级目标</th><th colspan="3">年龄阶段目标</th></tr>
<tr><th>小班</th><th>中班</th><th>大班</th></tr>
<tr><td rowspan="4">自主生活</td><td>身心健康</td><td>1.身体健康，在他人提醒下保持良好的坐、站体态。
2.当有较强情绪反应时，能在成人的安抚下逐渐平静下来</td><td>1.身体健康，在他人提醒下保持正确的站、坐、走姿势。
2.能经常保持愉快的情绪，能感受和识别自己的情绪，愿意把自己的情绪告诉周围的人</td><td>1.身体健康，能经常性保持正确的站、坐、走姿势。
2.情绪稳定，并能够较为准确地表达和调控自己的情绪，表达情绪的方式比较适度，能随着活动的需要转换情绪和注意力</td></tr>
<tr><td>生活独立</td><td>1.有初步的生活自理能力，能在成人的帮助下穿脱衣服鞋袜。
2.愿意为形成良好的生活习惯而努力</td><td>1.能掌握生活自理的基本方法。
2.能在提示下独立整理自己的物品</td><td>1.能按类别整理自己的物品，并初步具有服务他人的意识。
2.能认真负责且独立完成自己所接受的任务</td></tr>
<tr><td>乐于交往</td><td>1.对群体活动有兴趣，愿意和小朋友一起游戏。
2.能友好地提出请求，具备简单地与人交往的方法</td><td>1.愿意并主动参加群体活动。
2.能较好地与人交往，感受到交往的乐趣</td><td>1.在群体活动中积极快乐，能主动发起或出主意、想办法。
2.喜欢与人交往，具备较好地与人交往的方法和能力</td></tr>
<tr><td>积极适应</td><td>1.有遵守游戏和公共场所规则的意识。
2.适应幼儿园生活，愿意参加活动。
3.自己能做的事情愿意自己做，能够承担一些小任务</td><td>1.能在提醒下遵守游戏和公共场所的规则。
2.喜欢自己的幼儿园和班级，积极参加各种活动。
3.自己的事情尽量自己做，不愿意依赖别人，敢于尝试有一定难度的活动和任务</td><td>1.有规则意识，并能够自觉遵守游戏和公共场所的规则。
2.在集体生活中感到愉快，有集体荣誉感。
3.主动承担任务，遇到困难能够坚持且不轻易求助；与别人看法不同时，敢于坚持自己的意见并说出理由</td></tr>
<tr><td>自主学习</td><td>善于表达</td><td>1.能听懂他人讲话并给予回应。
2.在成人的引导下，顺畅地表达自己的想法和需要。</td><td>1.能捕捉他人语言中的关键信息并感受语言传达的情绪。
2.能基本完整地表达自己的想法和需要。</td><td>1.能够理解更加复杂的语言，并能够用较为准确的语言主动回应。
2.能完整、准确地表达自己的想法和需要。</td></tr>
</table>

续 表

一级目标	二级目标	年龄阶段目标		
		小班	中班	大班
自主学习	善于表达	3.幼儿喜欢用涂涂画画表达一定的意思	3.愿意用图画和符号表达自己的愿望和想法	3.能主动将自己感兴趣的事情或故事用图画和符号进行记录
	好奇好问	1.亲近大自然，对周围的事物及现象产生好奇并用自己的语言进行提问。 2.能够带着好奇探索身边的物品并进行摆弄	1.愿意接纳并学习新事物，能提出与自己周边事物相关的问题。 2.尝试运用多种感官探索事物，愿意动手操作	1.对周围事物有探究兴趣，会主动探索并发现问题，积极尝试解决问题。 2.愿意通过多种方式探索周围世界，在亲身体验、动手操作中收获学习的喜悦
	专注探究	1.在活动中能通过观察发现事物较为明显的特征。 2.在探索过程中对行为产生的结果感兴趣。 3.能用简单的符号记录收集的信息	1.在活动中能通过观察，并在比较中获得更多具体的信息。 2.在探索过程中对行为产生的结果，能自主进行判断。 3.能用符号和图画进行记录并收集信息	1.在活动中能在观察过程中进行比较、分析，描述某一物体前后的变化。 2.在探索过程中对行为产生的结果具有自主判断并进行归因的能力；能够主动地投入较长时间的观察，并尝试归纳观察结果。 3.在成人帮助下，能用数字、图画、图表方式记录并归纳收集的信息
	问题解决	1.愿意了解、探索周围世界，通过操作发现物体的简单外部特征。 2.对生活中存在的问题，愿意动脑筋想办法。 3.能在成人的支持下尝试解决遇到的问题	1.对周围世界有探索欲望，能感知和发现简单物理现象。 2.能主动发现并提出问题，积极寻找答案。 3.能在成人帮助下主动解决问题	1.能更深入地投入对周围世界的探究，在探索中了解周围事物更复杂的规律。 2.能主动发现并提出好问题，能够自主分析问题。 3.能够尝试独立自主地解决问题，并能够独立制定初步解决方案

续 表

<table>
<tr><th rowspan="2">一级目标</th><th rowspan="2">二级目标</th><th colspan="3">年龄阶段目标</th></tr>
<tr><th>小班</th><th>中班</th><th>大班</th></tr>
<tr><td rowspan="2">自主创造</td><td>心灵手巧</td><td>1.思维流畅，愿意和喜爱动手操作。
2.能够欣赏不同艺术形式，喜欢艺术创作</td><td>1.思维流畅、独特，能动手操作材料进行表现。
2.喜欢并愿意体验艺术创作</td><td>1.思维流畅、独特、敏捷且动手能力强，能通过多种形式进行表现和创造。
2.愿意体验多种艺术形式，积极表达对艺术作品的感受与喜好</td></tr>
<tr><td>乐美善创</td><td>1.喜欢观察并能够欣赏大自然中美的事物。
2.喜欢欣赏手工、绘画或其他艺术形式的作品并进行模仿创造</td><td>1.愿意在生活中主动发现事物的美。
2.能够自发地通过各种艺术表现形式，创造性地表达自己的想法</td><td>1.喜欢欣赏和探索美好的事物，理解多元艺术。
2.有丰富的想象力和创造力，具备一定的艺术表现能力，享受艺术创作</td></tr>
</table>

四、课程内容

课程内容是课程目标实现的载体，课程内容的选择与组织是课程园本化的体现。"自主至臻"课程立足文件要求、幼儿兴趣和发展需要、园所资源等进行课程内容的选择。课程内容选择的原则、来源如下：

（一）课程内容选择的原则

1. 目的性

课程内容选择的出发点是达成课程目标，为课程目标服务；目的性是课程内容选择的首要原则。不仅课程内容，课程活动的设计、教学方法的选择与安排都要紧密围绕课程的教育目标来进行。目的性原则是"自主至臻"课程目标达成的保障，能最大限度地落实幼儿全面发展的要求，使课程不仅符合幼儿当前的需求，也为其未来的学习和生活奠定坚实的基础。

2. 兴趣性

幼儿的学习是兴趣支撑的，没有了兴趣也就谈不上学习，更不要说自主学习了。因此，在进行内容选择时要兼顾兴趣性原则，但这并不是毫无预设、完全按照幼儿即时的兴趣进行内容生成；相反，兴趣性原则的实现需要老师进行更周全的课程预设，才能够带给幼儿更有价值的学习体验。兴趣性原则的重点是关注幼儿兴趣，这要求教师对幼儿经验以及课程资源有充分的了解，注意哪些资源可能会被幼儿关注并产生兴趣点。但同时，兴趣性原则也给了老师在预设基础上的生成空间，教师基于预设的内容开展活动时根据孩子兴趣及发展需要决定是否舍弃预先设计好的部分内容，并不断纳入新的学习内容。

3. 适宜性

课程内容的选择基于幼儿发展需要并能够促进幼儿的发展，满足其当下及其未来生活需要，这决定了课程内容选择需要遵循适宜性原则。“适宜”可以从两个方面进行解释：一是适应幼儿当下的需要和兴趣，适宜于幼儿的发展水平；二是要能够在幼儿现有发展水平上促进幼儿发展。总的来说，幼儿学习的内容是既适合当前幼儿发展水平，又具有一定挑战性的，即在幼儿发展的最近发展区内。研究表明，对幼儿具有一定挑战性的学习任务更能够激发幼儿学习的兴趣，幼儿愿意投入其中并进行深度持续的探究。这对教师的要求是，要看到现实中的幼儿，有能力分析幼儿当前发展水平以及潜在发展水平，并在此基础上进行课程内容的选择。

4. 生活化

幼儿学习的特点和方式决定了课程内容的选择需要遵循生活化的原则。幼儿的学习是以直接经验获取为主，在真实情境中“做中学”，幼儿的真实生活是其获得直接经验的理想场所。本园课程通过提供生活化的学习情境，让幼儿在生活中实现自我学习和发展，这也要求课程在进行课程内容选择时要充分挖掘本园资源，给幼儿提供更多直接、真实的活动体验。

5. 发展性

发展性原则基于幼儿学习意义性理解。学习来自生活，最终要回归到生活中去。在进行课程内容选择时不仅要考虑幼儿当下发展需要，也要考虑其未来发展需要，也要在幼儿“能够学的”和“需要学的”之间进行平衡。因此，在进行课程内容选择时要选择既有助于幼儿当下的，又要对未来具有发展意义的学习内容。对课程来说，什么样的内容对幼儿来说是具有发展价值的呢？实际上发展性的课程内容会随社会发展而变化。例如，蒸汽时代培养具有机器操作

或生产能力的人，那么信息时代则需要具有创造思维和能力的人。本园充分开发利用AI、VR等新技术作为课程开展的信息网络资源，紧跟时代，致力于培养能够自主生活、自主学习和自主创造的幼儿。

（二）课程内容选择的来源

基于课程内容选择的原则及园所课程资源调查，本园课程内容选择来源于四大部分，即生活、自我、自然、社会。

1. 生活

幼儿的学习内容取之于生活并应用于生活，该部分内容在于帮助幼儿获得自我照顾的能力，内容来源于幼儿身体、心理发展的需求。

孩子们通过"食物王国"的活动，亲手种植和照料豆豆、番茄、土豆和黄瓜，体验了从种子到餐桌的全过程，学会了珍惜食物和感恩自然的馈赠。在"我的幼儿园"和"我的朋友"活动中，孩子们学会了社交技能，建立了友谊，增强了集体归属感。

2. 自我

对自我的认识是幼儿不断成长的基础，"自知者智"，看见自己才能更好地发现、挖掘自己的潜力，实现自己的价值。该部分内容来源于幼儿认识自我、了解自我和他人的需要。

在"独一无二的我"和"我长大了"活动中，鼓励孩子们探索自我，认识自己的情绪和身体，学会自我表达和自我管理。通过"时间"和"测量"的学习，孩子们掌握了基本的生活技能，为未来的学习和生活打下坚实的基础。

3. 自然

自然是幼儿天然的学习资源，帮助幼儿认知、了解其生存的世界。该部分内容来源于幼儿周围生活的自然环境资源。

孩子们在"幼儿园的树"和"有趣的叶子"活动中，亲近自然，观察季节变化，理解生态平衡的重要性。通过"小水滴旅行记"和"种子旅行记"的活动，孩子们了解了水循环和植物生长的奥秘。

4. 社会

社会是幼儿生存与发展的空间，能够帮助幼儿更好地与人交往，获得归属感。该部分内容主要来自地区文化资源、幼儿人际交往需要等。

在“我居住的社区”和“职业大体验”活动中帮助孩子们了解社会结构，认同不同职业的价值，培养他们的社会责任感。通过参观快递站、停车场和理发店，孩子们对社会结构和规则有了更深的认识。

在“自主至臻”课程中，一系列精心设计的活动不仅丰富了孩子们的知识，更重要的是借助这些内容帮助幼儿在不断探究、反思的过程中获得自主生活、自主学习、自主创造的发展。全面而有深度的内容选择不仅让孩子们在游戏中学习，更在探索中成长，为他们的全面发展奠定坚实的基础，同时本园的课程内容仍在不断地丰富、完善与改进，不断地扩大精选内容范围。

“自主至臻”课程内容来源一览表（部分）

班级主题和重点发展目标		秋季学期				春季学期			
小班	主题	我爱我的幼儿园	食物王国	我的家人	能干的我	童心“鞋”力	我的情绪怪兽	沙沙作乐	嗨！蛋宝宝
	重点发展目标	自主学习	自主生活	自主生活	自主生活	自主生活	自主生活	自主创造	自主学习
中班	主题	小小蛋糕师	木工变变	我居住的社区	光影随行	被子大作战	有趣的叶子	桑葚熟了	我们的停车场
	重点发展目标	自主生活	自主创造	自主学习	自主学习	自主生活	自主创造	自主学习	自主生活
大班	主题	巧整理	我和松鼠的故事	大芬油画村	图书馆变形记	独一无二的我	好玩的社团	趣玩沙水	牙齿咔咔咔
	重点发展目标	自主生活	自主学习	自主创造	自主学习	自主创造	自主学习	自主学习	自主生活

五、课程实施

（一）课程实施的原则

“自主至臻”课程以培养自主发展的终身学习者为指向，而自主发展以幼儿的自主性培养为核心，幼儿自主性培养又依赖于课程的实施。

1. 以主题探究方式进行深度学习

主题探究综合“主题式学习”及“探究性学习”的特点，兼顾学习内容的广度及深度，多以“大主题小项目”的形式展现。课程实施体现“跨时间”“跨空间”的特点。“跨时间”体现在幼儿学习经验的连续性，即主题的学习不只存在于教学活动，而是渗透于幼儿一日的任何时间，教师要珍视幼儿一日生活的所有学习可能性，真正实现一日生活皆课程。“跨空间”强调的是幼儿学习空间的多种可能性，幼儿的学习不只存在于幼儿园，幼儿在家庭、社区或其他空间也都存在学习的可能；课程的实施要充分整合并利用幼儿学习可能发生的空间，并将其纳入幼儿园课程实施中。

2. 课程预设与生成相结合

教育是有计划的行为，预设是生成的土壤，课程的预设非常重要。根据幼儿学习与发展需要和水平进行适宜的课程设计，有计划的课程规划是幼儿全面发展的重要保障，这是教师“幼儿立场”观念的重要体现；同时，教师还应该做到“幼儿在场”，即教师要关注教育现场的幼儿，根据幼儿实时学习兴趣进行课程内容的调整，开展生成性的活动。在本课程中，主题开展前进行课程审议，初定主题脉络图，在具体开展过程中允许教师根据幼儿学习需要的改变对主题既定内容进行删减或增加学习经验。

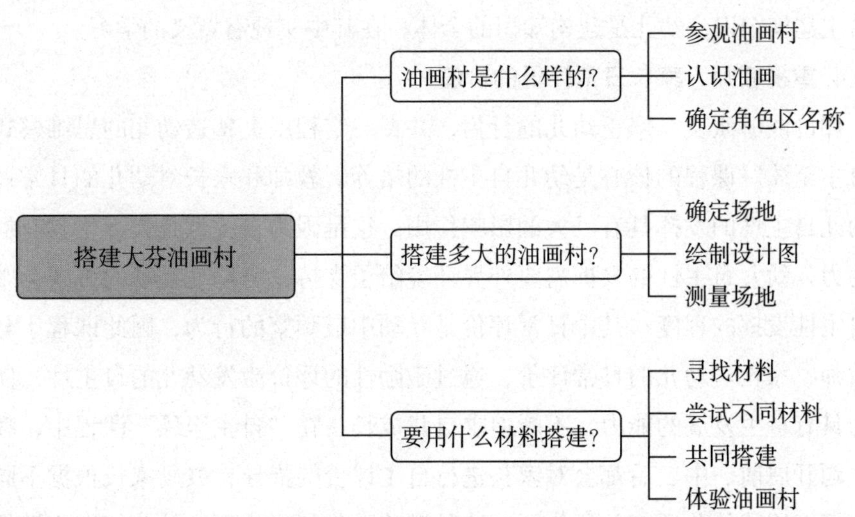

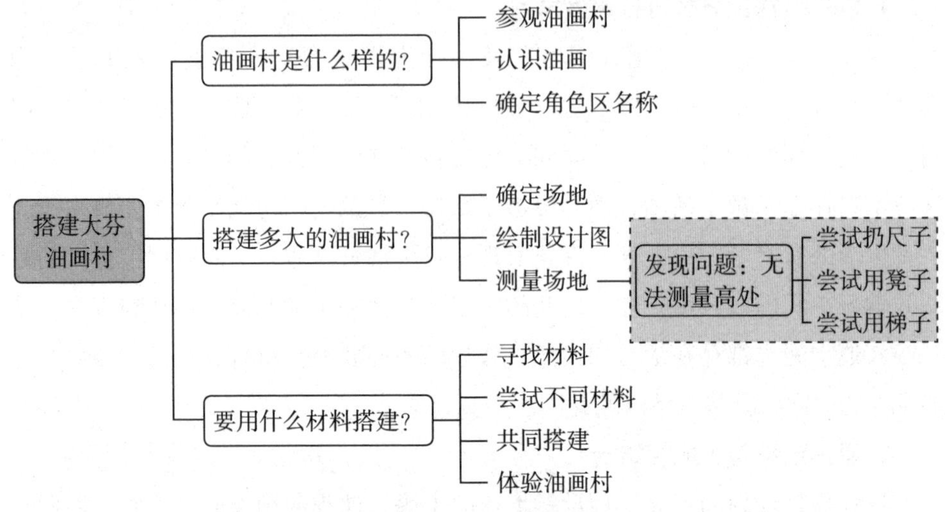

主题“搭建大芬油画村”开展前后活动变化的对比图

3. 营造师幼共建的学习环境

“自主至臻”课程是在教师和幼儿的互动中发展和完善的。课程实施的关键在于营造师幼共建的学习环境，重点在于“共建”，教师不再是知识的传授者，幼儿也不是知识的单向接受者。幼儿的经验是在教师的支持下自主建构的，教师和幼儿都是课程实施的主体，教师和幼儿的自主性在课程实施中得以发挥，同时自主性在其中也获得进一步的激发。师幼共建的学习环境有助于幼儿自主建构知识，幼儿是建构知识的个体，在其中实现有意义的学习。

4. 重视教师、家长日常评价的价值

评价能够激发、修正幼儿的行为，并在一定程度上塑造幼儿的思维模式。“自主至臻”课程的核心是幼儿自主性的培养，教师和家长对幼儿的日常评价对幼儿自主性的发挥具有巨大的影响作用。这是因为自主性是人天生具有的内在动力，幼儿自主性的发挥需要外界环境给予支持，与幼儿互动的方式会影响其自主性发挥的程度。其中日常评价是互动中最频繁的行为，因此课程十分关注教师、家长对幼儿的日常评价，通过激励性的评价激发幼儿的自主性，使其成为具有自主发展的能力，不断追求自我成长。在“自主至臻”课程中，教师在主题开展前、中、后都会对家长进行自主评价的指导，鼓励家长根据不同的教育情境给予幼儿适宜的评价，在这种潜移默化的影响下，幼儿的自主性得到更好地发挥和运用，极大提高幼儿追求自我发展的内在动力。

（二）课程实施的途径

"自主至臻"课程在"主动学习，至臻生长"的课程理念下，将幼儿园一日生活（生活活动、自主游戏活动、学习活动、体育活动）、节庆日及实践活动、环境创设及家园共育作为课程实施的主要途径，实现幼儿自主生活、自主学习和自主创造。

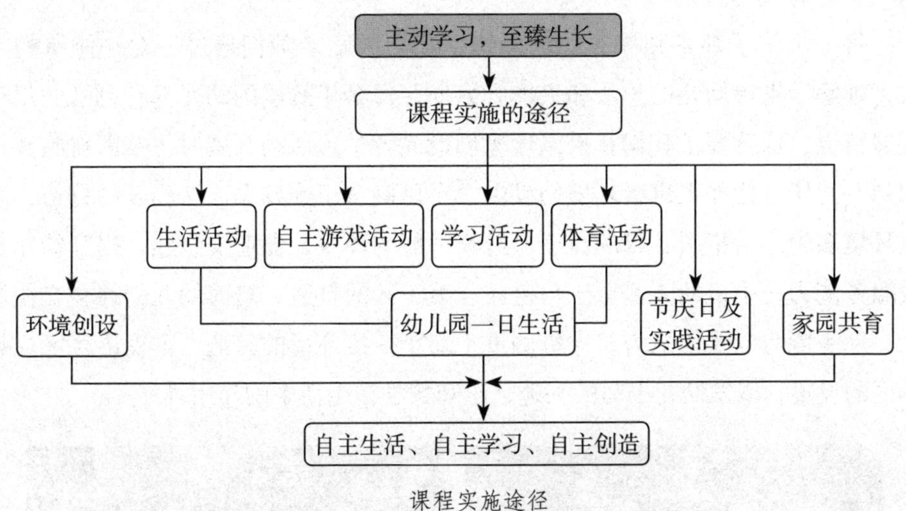

课程实施途径

1. 幼儿园一日生活

（1）幼儿园一日生活活动安排表

幼儿园一日生活是指幼儿从入园到离园的所有活动的总和，我园基于《广东省幼儿园一日活动指引》这一文件，将这一日生活划分为生活活动、自主游戏活动、学习活动、体育活动。

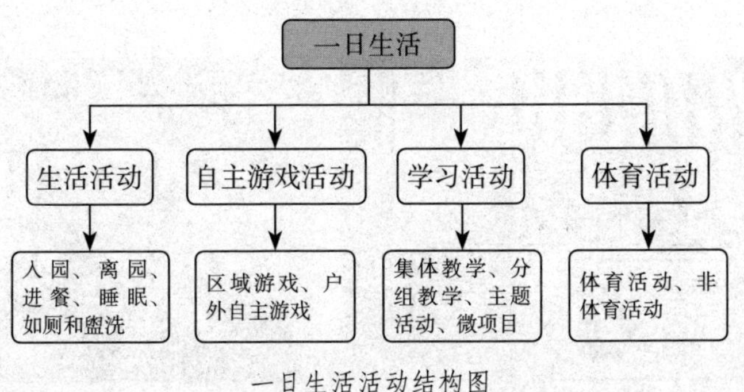

一日生活活动结构图

（2）幼儿园一日生活组织原则

在幼儿的一日生活中，我们认为需要达成五个方面的统一，即个体的差异性、时间的灵活性、学习的主动性、关系的互动性、课程的生成性。只有将课程的这些关系处理好，才能实现一日生活的高质量，方能让儿童获得主动感、胜任感、满足感、成就感、超越感。

①个体的差异性

每一个孩子都是独一无二的个体，我们鼓励老师们通过一对一倾听的方式，理解、支持幼儿的想法和兴趣。另外，每个年龄段的幼儿都有自己的年龄发展特点，这就要求我们在班级环境创设或者学习活动开展时，要因材施教，切勿一刀切。比如在班级环境创设中，小班侧重于娃娃家、涂鸦区的打造，墙面环境多为生活指引，目的在于打造家一般的环境，营造安全感，提高幼儿自我服务能力；中班幼儿侧重于角色区、美工区的打造，培养幼儿的社会交往能力、动手能力以及创造力；大班侧重于幼小衔接环境的打造，重视语言区、数学区的设置，激发幼儿书写的兴趣，感知数学在生活中的作用等。

小班的涂鸦区、娃娃家

中班的角色区和美工区

大班签到处环境表征

②时间的灵活性

我园的一日生活在遵循稳定性原则的前提下，还注重灵活性的渗透。主要体现在时间上给予教师很大的自主权，允许他们根据活动的需要调整当天的作息时间，因为只有教师有充分的自主权，才能给予孩子更大的自主权。比如中一班的孩子们在户外活动时发现了一只蝴蝶，对此非常感兴趣，一直到户外活动结束以后，他们还舍不得回到教室。此时老师抓住教育契机，延长户外活动时间满足孩子们的探索需要，给予幼儿与蝴蝶一起玩游戏、讲故事的时间，还允许幼儿将蝴蝶带回班上进行观察、养护。

③学习的主动性

在幼儿的学习与生活中，我们认为幼儿是生活、环境、活动的小主人，应充分发挥幼儿的主体性和自主性。日常生活中让幼儿学习自己扎头发，并鼓励他们参与值日生扫地、擦桌子、洗碗、送牛奶、送报纸等活动，培养幼儿的自理能力以及良好的生活习惯；在环境创设和大型活动中，我们充分肯定幼儿的想法，鼓励幼儿积极参与到环境创设和活动计划中来，激发幼儿学习和发展的主动性。

④关系的互动性

积极、和谐、温馨的幼幼关系、师幼关系、家园关系对幼儿的成长起到重要作用。我们一天中有充足的时间供幼儿自主游戏，鼓励幼儿之间交换想法、分工合作；每一天当中，班级中的三位教师需要合理分工，有目的、有计划地和每一位幼儿进行沟通交流，增进师幼情感；我们也非常重视家园合作，每天有家长义工进班协助教师开展活动，每周有一次小组为单位的面访活动，每月有一次家长助教活动等，通过多元化的家园活动建立双向奔赴的家园关系。

⑤ 课程的生成性

一日生活皆课程，课程来源于生活。在生活中，我们老师大部分时间需要保持身心的活跃，以持续思考的大脑、善于发现的眼睛、懂得倾听的耳朵，发现幼儿的发展契机并有机生成课程，用适宜的方式支持课程发展。比如：在户外活动时，中三班幼儿发现玩车区的停车场车辆摆放凌乱，还发现有些车子放不进车位里，这引来了一群小朋友的围观与讨论："这个车都没有摆放好，都倒到地上了。"承理指着没有放进车位里的车说。"我上次去玩车的时候，发现三轮车太大了，车位放不下。"乔乔说道。"我家小区的停车场就不会这样。"玥宁说道。这个话题引起了小朋友们的讨论热点，于是老师带领幼儿开启了一段停车场探索之旅。

（3）幼儿园一日生活活动实施

① 生活活动

生活活动与幼儿日常生活有直接联系，满足幼儿入园、离园、进餐、睡眠、如厕和盥洗等基本生活需要，旨在促进幼儿生长发育与身心健康，引导幼儿养成良好的生活习惯的活动的综合。生活活动蕴含丰富的教育价值，这是由幼儿年龄特点以及生活活动本身所蕴含的价值决定的。在课程中，我们在生活活动中贯彻保教结合的原则，并建立科学的生活流程和合理的常规。生活活动的时间较为琐碎、内容较为平常、开展形式较为单一，很容易使得生活活动成为一种"习惯"，而忽略掉其中蕴含地对幼儿发展的价值。幼儿"自主生活"的能力大多从生活活动中获得发展，这需要教师抓住生活活动的契机，给予幼儿生活自主的权利，帮助其获得服务自我或者他人的能力，促进其发展。

时间	具体安排	活动内容
上午	07：50—08：20	入园活动、晨练
	08：20—09：00	餐前准备、早餐、餐后活动
	09：00—09：10	晨谈
	09：10—10：20	课间操、户外活动
	10：20—11：30	学习活动
	11：30—11：50	餐前活动
	11：50—12：30	午餐、餐后活动
	12：30—12：40	餐后散步

◆ 正餐间隔时间为3.5~4小时。
早餐8：20
午餐11：50

◆ 正餐就餐时间应保证30分钟。
早餐8：30—9：00
午餐11：50—12：30

◆ 餐前活动10~20分钟。
餐前11：30—11：50

续 表

时间	具体安排	活动内容
中午	12：40—14：50	午休、起床整理
下午	14：50—15：05	学习活动
	15：05—15：35	午点
	15：35—16：15	户外活动
	16：15—16：30	小结整理及离园

◆午睡应达到2小时
午休12：40—14：30

幼儿园一日生活时间安排

② 自主游戏活动

游戏是幼儿的学习方式。儿童是游戏者，游戏者的状态也就是儿童的状态。我园自2000年开始进行区域活动的探索，经过“局部改造”“全面改造”“积极创新”到现在的“整体构建”，初步形成了较为系统化的自主游戏活动实施体系。

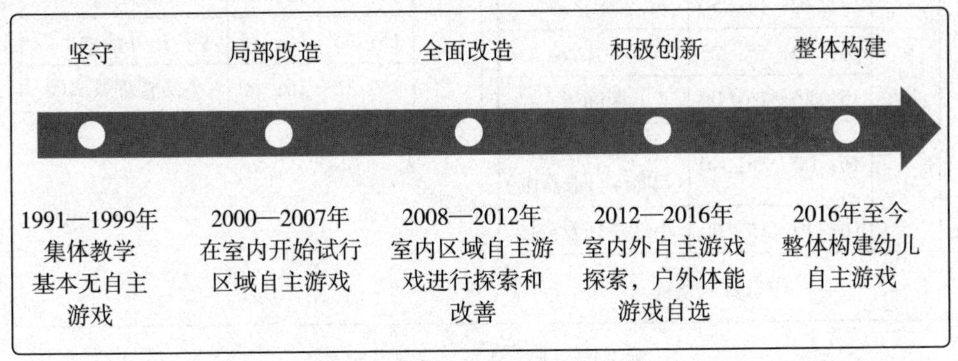

幼儿园办园以来自主游戏探索推进路径

为保障幼儿自主游戏的时间，我园对幼儿一日生活时间安排表的结构进行了调整。调整的原则是将碎片化的时间块状化，给予教师和幼儿更多的自主。具体表现在：

a. 上午餐前的时间融入了户外区域活动，让幼儿更自主、更专注。

b. 餐前活动去除，给予幼儿在户外更多自主游戏时间。

c. 下午有半日时间给予幼儿户外自主游戏。

时间	具体安排	活动内容
上午	07：40—08：10	入园晨练
	08：10—08：20	早操
	08：20—08：50	早餐及餐后活动
	08：50—09：10	晨读
	09：10—09：20	户外准备
	09：20—09：30	户外体育活动
	09：30—10：20	户外混龄游戏
	10：20—10：30	课间餐
	10：30—11：40	学习活动
	11：40—11：50	餐前活动
	11：50—12：20	午餐及餐后活动
	12：20—12：30	餐后散步
中午	12：30—14：30	午休
下午	14：30—14：50	起床整理
	14：50—15：25	学习活动
	15：25—16：00	课间餐
	16：00—16：40	户外体育活动（体能+自选器械）
	16：40—15：00	小结整理及离园

作息表调整前

时间	具体安排	活动内容
上午	07：50—08：20	入园活动、晨练
	08：20—09：00	餐前准备、早餐、餐后活动
	09：00—09：10	晨谈
	09：10—10：20	课间操、户外活动
	10：20—11：30	学习活动
	11：30—11：50	餐前活动
	11：50—12：30	午餐、餐后活动
	12：30—12：40	餐后散步
中午	12：40—14：50	午休、起床整理
下午	14：50—15：05	学习活动
	15：05—15：35	课间餐
	15：35—16：15	户外活动
	16：15—16：30	小结整理及离园

作息表调整后

幼儿园一日生活时间安排的调整

③学习活动

从狭义上讲，教学活动是指教师有目的、有计划地组织实施教与学的正式活动。教学活动以教师发起或主导作为重要判断标准，但在当前教育实践中往往将教学等同于集体教学，这是失之偏颇的。在我园课程中，教学活动的开展形式有集体教学，也有分组教学、个别化教学，这依据具体的教育内容、教育对象而灵活设计。我园课程模式是主题探究式课程，因此教学活动的内容来自主题或者主题下的微项目。教学活动的时间则根据不同年龄阶段幼儿发展特点而设置。

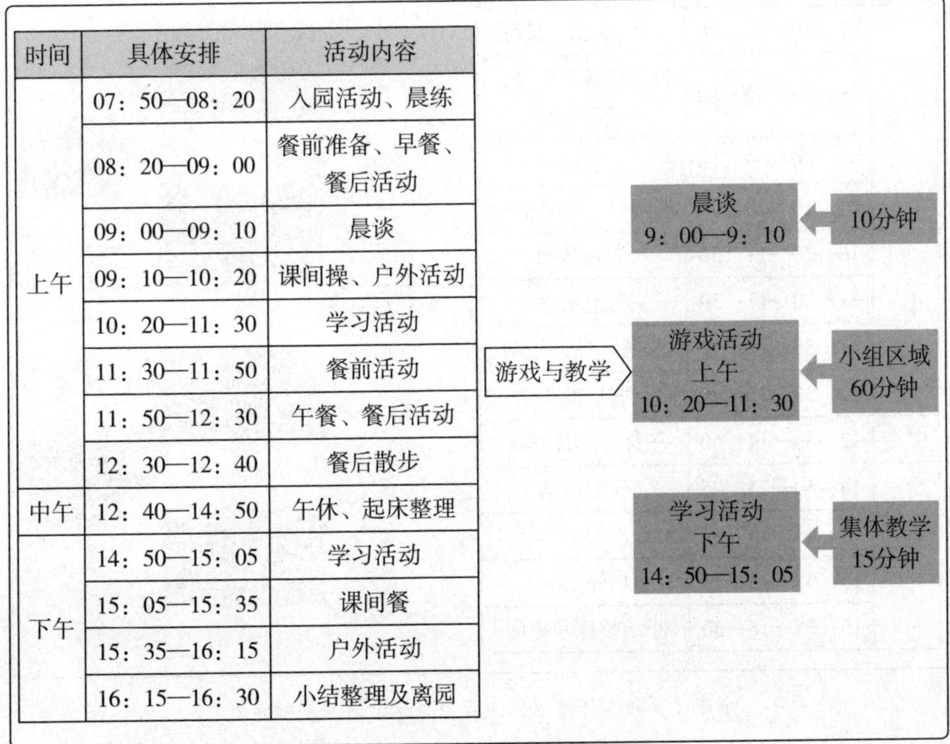

时间	具体安排	活动内容
上午	07：50—08：20	入园活动、晨练
	08：20—09：00	餐前准备、早餐、餐后活动
	09：00—09：10	晨谈
	09：10—10：20	课间操、户外活动
	10：20—11：30	学习活动
	11：30—11：50	餐前活动
	11：50—12：30	午餐、餐后活动
	12：30—12：40	餐后散步
中午	12：40—14：50	午休、起床整理
下午	14：50—15：05	学习活动
	15：05—15：35	课间餐
	15：35—16：15	户外活动
	16：15—16：30	小结整理及离园

小班（夏秋）作息时间表及教学活动时间安排示例

④ 体育活动

幼儿园体育活动是幼儿园健康教育的重要组成部分，也是教育的重要组成部分，是幼儿全面发展的重要手段。《幼儿园教育指导纲要（试行）》指出，开展丰富多彩的户外游戏和体育活动，培养幼儿参加体育活动的兴趣和习惯，增强体质，提高对环境的适应能力。在我园，体育活动并入户外活动中，其中户外活动包括体育活动和非体育活动。体育活动包括：基本动作练习、基本体操练习、体育游戏活动、运动器械活动，比如早操或课间操、体能游戏、体育课。非体育活动包括：餐后散步、户外区域游戏。这样设置有助于教师根据幼儿活动状态灵活调整活动时间及内容，给予教师更多自主性合理支配幼儿活动时间。

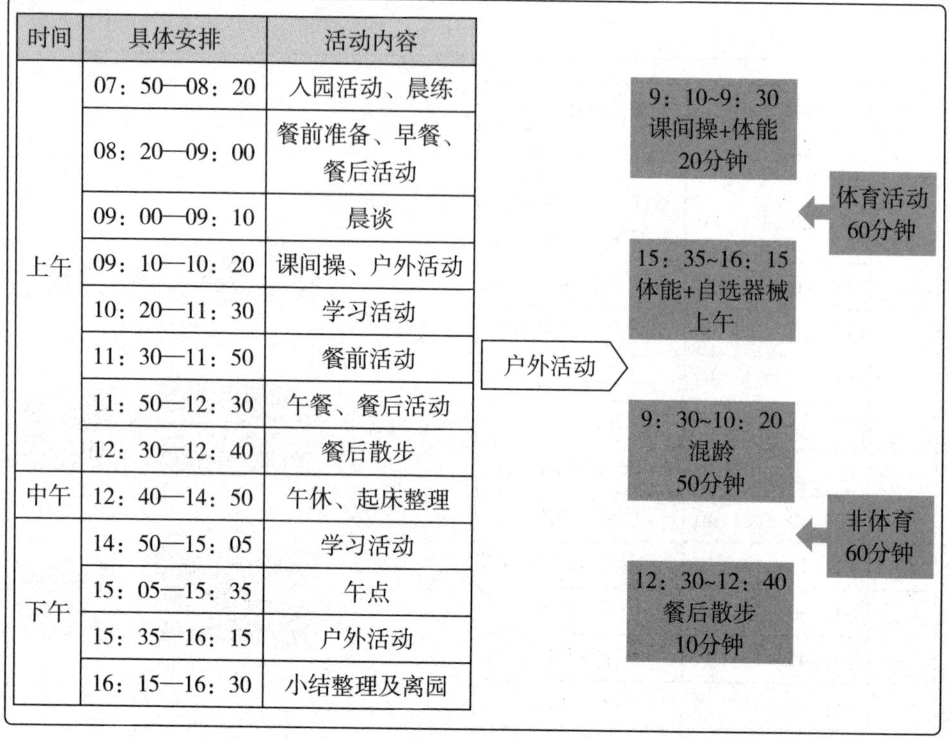

时间	具体安排	活动内容
上午	07：50—08：20	入园活动、晨练
	08：20—09：00	餐前准备、早餐、餐后活动
	09：00—09：10	晨谈
	09：10—10：20	课间操、户外活动
	10：20—11：30	学习活动
	11：30—11：50	餐前活动
	11：50—12：30	午餐、餐后活动
	12：30—12：40	餐后散步
中午	12：40—14：50	午休、起床整理
下午	14：50—15：05	学习活动
	15：05—15：35	午点
	15：35—16：15	户外活动
	16：15—16：30	小结整理及离园

小班（夏秋）作息时间表及户外活动时间安排示例

2. 节庆日及实践活动

幼儿园节庆日活动和实践活动也是幼儿园课程实施的途径。幼儿园节庆日及实践活动的社会性能够很好地促进家庭、幼儿园、社区共育质量的提高。

节庆日活动其内容来源多样化，可以来自传统节日，也可以源于社会节日。我园的节庆日活动通常以两种形式进行：一是以周为单位的“节气日我来说”活动；二是以月为单位的月历大型活动。

（1）以周为单位的“节庆日我来说”活动

每周一由每个班级根据不同的主题轮流进行展示，活动由班级幼儿自主报名，自主选择分享的节庆日及内容，汇报形式也由幼儿自主设计。“节庆日我来说”活动是幼儿自主性培养的重要途径，也是其自主性发挥的重要载体。在活动展示前，幼儿自主准备展示内容及形式，这个过程往往会发展成为一个项目，孩子们在项目中进行深度探索，通过游戏化、生活化的形式丰富幼儿的学习经验，最后再以展演的形式进行结题汇报。以幼儿自主性发挥为主的周例活

动能够去形式化，去结果化，让例行活动成为丰富幼儿经验的载体。

（2）月历形式的大型活动

我们以月为周期开展幼儿园大型活动，如二月、九月为安全教育月。大型活动一般以实践活动的形式开展。实践活动是一种综合性的幼儿园课程实施方式，它能够将课程空间和资源拓展至幼儿园外，扩大到广泛的社会生活之中，增强幼儿园课程实施的开放性，同时也对家园社共育提出了更高的要求。幼儿园实践活动有参观社会机构、参与社会性劳动、参加公益活动等。实践活动的内容可以是课程主题的拓展活动，也可以是基于社会节日合理利用园所周边的社会资源。因此，我园节庆日活动和社会实践活动在内容及形式上可以进行结合和互补，并与主题有机结合，最大限度实现幼儿园一日生活的整体性。

3. 幼儿园室内外环境创设

环境是幼儿的第三位教师，环境作为隐性课程是课程实施的另一重要途径。环境包括物质环境和心理环境。物质环境主要通过可看到的物质资源进行表现，如室内主题墙创设、区域环境设置、室外空间环境打造等。物质环境的打造遵循教育性原则，要打造具有教育性的环境，融教育价值于无形之中，让幼儿在潜移默化中获得成长。心理环境的创设主要通过幼儿与其周围人之间形成的文化氛围进行表现。积极的心理环境给予幼儿足够的心理安全感和归属感，获得强大的情感支持，这种情感力量对于其投入学习具有重要的积极作用。

好的环境是生成的、发展的、动态的过程。我园在环境创设中一直秉持着让幼儿成为环境创设的小主人的教育理念，在幼儿与环境之间建立一种共生、共建的和谐关系。

（1）环境创设的价值由装饰走向教育

环境创设的真正意义在于利用环境进行教育。所以，教师在选择环境中墙饰的内容时更多地需要考虑内容隐含的教育价值，而不能一味只追求精致、美观。要解决这个问题，首先从源头入手，在制定环境评比指标时需要根据幼儿身心发展特点及学习发展需求而定，而不是将精致、漂亮当作重要的评价指标；其次是要转变教师的观念，教师要树立起正确的墙面创设价值取向。

（2）环境创设主体由教师走向幼儿

在幼儿园班级墙面环境的营造过程中，教师不妨尝试在主题创设前、中、后邀请幼儿参与其中。

主题墙创设阶段表

主题墙创设阶段	共创要点	互动示范
创设前	通过谈话的方式询问幼儿的想法，激发幼儿参与环境创设的热情	主题墙高度是否适宜、如何进行调整？ 主题墙板块你们想怎么划分和装饰？
创设中	在内容表征过程中，教师可以和幼儿一起讨论想要哪些内容展示上墙，鼓励幼儿自己动手进行张贴布置	你们想要把什么作品放在墙面上展示？ 你们想展示在哪块地方？ 你们可以自己把作品张贴在主题墙上吗？
创设后	在最后主题分享时，教师可以让幼儿充分与墙面进行互动，就墙面内容与同伴分享	你们可以分享自己的收获与最感兴趣的活动吗？

（3）幼儿与环境的互动由单一走向多元

墙面创设最终要使幼儿受益，创设能增加幼儿和墙面互动的环境，帮助幼儿形成与墙面互动的习惯。

在主题活动“沙子”中，呈现沙子可以制作乐器这部分内容时，教师可以直接将沙子做的乐器呈现在墙面上，让幼儿在与墙面互动时不仅可以看，还可以动手玩起来。

通过互动的模式营造良好的学习氛围，帮助幼儿融入环境中。甚至教师还将一些墙面问题及学习内容生成二维码，提供手机或者平板让幼儿扫码进行自主学习，并向同伴分享。

（4）环境创设更换由静态走向动态

创设动态性的班级墙面，教师要重视环境的同步呈现，随着主题的开展而随之更新。教师可以把活动中的材料交给幼儿，幼儿可以根据自己的想法对主题墙和作品墙进行布置。教师还可以随着季节、节日以及幼儿的需要，让环境的创设处于动态变化中，能够匹配幼儿当下的学习，让幼儿在动态的环境中获得经验提升。

（5）环境的呈现由结果走向过程

墙面环境的创设不应该仅呈现活动的结果，还应该注重幼儿在活动中的探究过程，这样的墙面环境更能激发幼儿的探究欲望，还可能发现新的问题，生成新的课程。

首先，教师应以问题为导向，找到主题发展脉络和阶段之间内在的逻辑联系。

其次，教师运用调查表、统计、比较、分类、谈话、记录等多种方式让墙面环境与教育目标和内容有机结合，有效激发幼儿学会思考、观察、发现和解决问题的能力，提高自我实现。

（6）墙面环境创设由填充走向留白

将留白手法运用到幼儿园墙面环境创设中，能够减少空间的压抑感，给幼儿更多的想象空间，丰富幼儿的情感。

教师可以在美工区创设"我的作品我做主"墙面环境，让幼儿随时张贴或者摆放自己的美术作品，增强幼儿的成就感和存在感。教师也可以在主题墙创设留白空间，让幼儿在与墙面互动以后及时记录自己的所思所想，给予幼儿表达自我的机会。教师还可以在"晨谈墙"创设留白空间，晨谈中教师来不及回应幼儿的问题，可以鼓励幼儿在晨谈结束后将问题进行记录，作为餐前讨论的话题，尊重每一个孩子的话语权。教师甚至还可以在柜面进行留白，创设"问题墙"，让幼儿将自己的问题用符号进行记录，鼓励幼儿同伴作为问题的解答者，让问题墙成为师幼互动及幼幼互动的桥梁。

4. 家园合作共育

家庭是课程实施和发挥作用的重要空间。幼儿的学习不只发生在幼儿园教育场域中，家庭是先于幼儿园的，是幼儿学习发生的重要场所。家长是幼儿第一任教师，要发挥家庭在幼儿教育中的重要作用，将幼儿教育的权力还给家庭，首先要建立家园合作共育的共识，其次建立家园共育的有效机制。在我园"自主至臻"课程中，以家庭、班级、幼儿园为基础单位建立"双线型"家园共育模型，通过"双线型"家园合作方式给家庭赋能，帮助家长建立良好的亲子关系以及家庭教育的能力，有助于幼儿自主性的长期稳定发挥。

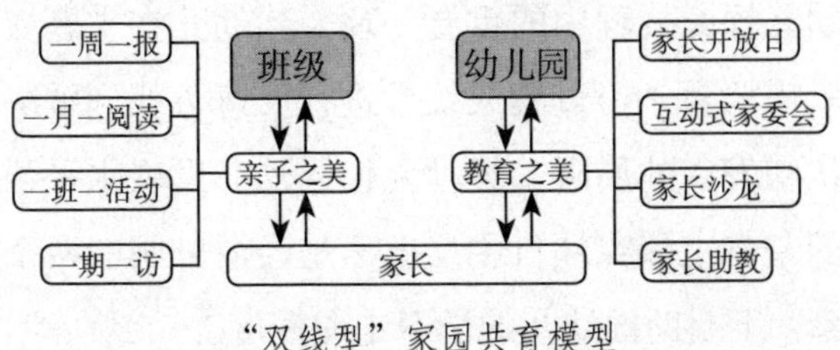

"双线型"家园共育模型

双线指家长—班级、家长—幼儿园两条线。家长—班级线的重点在于提升亲子关系，对家长的指导更加具体、细致、个性化，一般通过日、周、月、学期的常规性活动，帮助家长和幼儿建立亲密关系，同时提升家长的育儿能力。家长—幼儿园线的重点在于提高家长的家庭教育能力，这条线对家长的指导更上层，通过较大型的活动从观念层面给予家长家庭教育方面的指导，提升家庭教育能力。不同“线”工作重点以及形式不同，但两者并不是并行而毫不干扰，相反双线在某一时期有着共同工作目标，但在执行时分别承担不同的工作内容，相互促进，彼此影响，共同为幼儿发展提供良好的教育环境。“双线型”家园共育模型不仅体现在与家长交流的双路径，还体现在双方之间的能量不是单向流通，而是双向互动。

（三）主题探究活动实施路径

“自主至臻”课程以幼儿自主性素质激发为主线，课程中每个探究内容都经过三个阶段，即开始阶段、发展阶段、高潮阶段；每个阶段在“兴趣驱动—自主探究—自主反思”中不断推动学习走向深度。

1. 兴趣驱动

帮助确定某一阶段的关键问题。关键问题的确定是基于兴趣点，幼儿在教师的支持和引导下，经过发现问题、提出问题、确定问题的过程，问题确定后进入到自主探究。

2. 自主探究

自主探究是主题实施的关键部分，围绕某关键问题进行反复地探究，并逐渐走向深度学习。自主探究冠以自主的名义主要表现在幼儿学习过程中。教师要给予幼儿充分自主思考、自主决策、自主行动的权利；教师以幼儿学习发展过程中的关键支持角色出现，在幼儿最近发展区给予适宜的教育支持，不断支持幼儿学习走向深处。

3. 自主反思

自主反思是幼儿探究过程中的重要一环。当幼儿在主题探究中遇到问题无法自主解决时，就需要对学习过程或结果进行反思，找到解决问题的方法。根据不同年龄幼儿认知发展的局限，教师要根据幼儿发展水平帮助幼儿进行自主反思。值得一提的是自主探究和自主反思不是泾渭分明的两个部分，这两个环节时常交叉在一起，不断助推幼儿的学习走向深度。

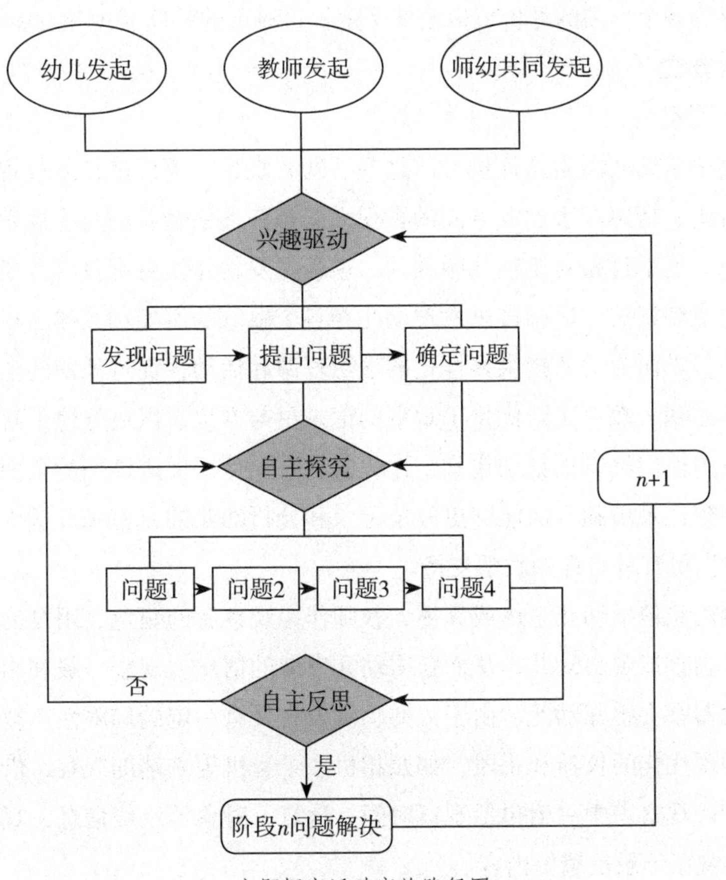

主题探究活动实施路径图

六、课程评价

课程评价是幼儿园课程管理中的重要环节，是为了确保课程实施与课程理念、目标的一致性，以保障幼儿园课程的有效性、科学性和可持续性发展。"自主至臻"课程以多模态评价方式进行课程评价。多模态评价是指通过多方评价主体、多种不同的评价方法和工具以求全面、多角度地评估，以更全面地了解评价对象的发展情况。

（一）对幼儿的评价

1. 幼儿自主发展的过程性评价

评价目标： 呈现幼儿在五大领域和自主性发展中的过程性表现。

评价内容： 不仅仅关注评价对象自主性发展的表现，还包括对其能力、态度、情感等多个方面的评价，以全面了解评价对象的整体表现和发展情况。

评价方法：

（1）观察法

观察法是幼儿园常用评价方法之一。幼儿观察与评价是指通过观察幼儿的行为、言语、情感和表达等方面的表现来了解和评估幼儿的自主性发展情况和个性特点。这个过程对于幼儿园教师、家长以及幼儿本身都具有重要的意义。其中，通过观察法，教师可以发现幼儿在各个领域的潜能和兴趣、自主性发展的水平等，进而为幼儿提供多样化的学习资源和活动，促进他们的全面发展。因此，本园基于教育实践优化了观察的记录单与方法，以更好地了解幼儿的发展情况，为他们提供更精细化和个性化的教育支持，促进他们的全面发展。优化后的观察记录单和方法能够更好地记录和分析幼儿的自主和日常生活表现，为教师提供更有针对性的教学支持。

观察对象包括幼儿个体或集体。教师作为观察者的角色，用自己的感官和辅助工具去直接观察幼儿，从而获得幼儿发展的信息。观察一般利用眼睛、耳朵等感觉器官去感知幼儿。由于人的感觉器官具有一定的局限性，教师往往要借助各种现代化的仪器和手段，如照相机、录音机等来辅助观察，借用观察表进行记录。观察表中一般包括观察时间、地点、对象等一般信息，观察事件详细记录，观察记录反思等内容。

幼儿游戏行为核验表

幼儿观察行为	行为发展核心要素	主要观察点	是（√）或否（×）	幼儿典型性游戏行为描述
表征行为	表征思维的出现	能在观察基础上对事物发展进行描述、比较、分析，能自己使用替代物进行表征		
	思维的抽象性	自主采用的替代物与原型之间相似		
	思维的变通和灵活	思维流畅、敏捷，用同一物品进行多种替代或同一替代，同一情节能使用多物替代		
	想象的创造性	能自主对物品进行简单改造		

续 表

幼儿观察行为	行为发展核心要素	主要观察点	是（√）或否（×）	幼儿典型性游戏行为描述
言语发展	自我中心语言	想象性对白，主动挑起话题		
	语言交往的主动性	主动、及时回应同伴，同时善于倾听		
	语言表达的完整性	大胆、清楚、完整、主动地表达自己的想法		
社交性行为	群体意识	是独自游戏、平行游戏还是合作游戏		
	交往态度	是主动交往还是被动交往		
	交往技能和策略	有主动的亲社会行为，如分享，助他		
	交往中的情感	会主动同情、关心别人		
	交往中的沟通	能够主动自主地进行语言、情感的表达与理解，能主动发现并提出好问题，能够自主分析问题		
	独立性及自我意识	善于调整自己的行为，指示别人或听从他人，能够尝试独立自主地解决问题，并能够独立制定初步解决方案		
构造行为	行为有意性和计划性	在探索过程中对行为产生的结果，具有自主判断、并进行归因的能力。过程中先做后想，或边做边想，或想好了再做		
	行为的目的性	注重构造过程，追求构造结果，能更深入地投入对周围世界的探究，在探索中了解周围事物更复杂的规律		
	构造能力水平层次	自主游戏中能够进行平铺、垒高、拼接		
	创造力和想象力	有丰富的想象力和创造力，主动使用多种不同的材料搭配构造		
	精细动手和手眼协调	对结构材料拼插，动手能力强		

续 表

<table>
<tr><th>幼儿观察行为</th><th>行为发展核心要素</th><th>主要观察点</th><th>是（√）或否（×）</th><th>幼儿典型性游戏行为描述</th></tr>
<tr><td></td><td>逻辑经验与数学认知水平</td><td>按照一定的规律对材料的形状、颜色等进行自主构造</td><td></td><td></td></tr>
<tr><td rowspan="4">规则行为</td><td>规则意识</td><td>主动遵守规则，愿意独立接受新任务，具备独立生活的能力</td><td></td><td></td></tr>
<tr><td>竞争意识</td><td>喜欢规则游戏</td><td></td><td></td></tr>
<tr><td>公正意识</td><td>主动按照一定规则解决玩伴纠纷</td><td></td><td></td></tr>
<tr><td>逻辑思维</td><td>游戏规则具备复杂性</td><td></td><td></td></tr>
<tr><td rowspan="2">表达表现行为</td><td>主动性和自信心</td><td>喜欢欣赏和探索美好的事物，理解多元艺术，理解文学、艺术作品的人物、情节等，体验多种艺术形式</td><td></td><td></td></tr>
<tr><td>感受理解的能力</td><td>大胆用自己喜欢的方式进行构造，具备一定的艺术表现能力，享受艺术创作，积极表达对艺术作品的感受与喜好</td><td></td><td></td></tr>
<tr><td rowspan="2">习惯行为</td><td>任务意识</td><td>自觉明确自己在游戏中的任务</td><td></td><td></td></tr>
<tr><td>责任感</td><td>游戏结束后知道主动收拾游戏材料</td><td></td><td></td></tr>
</table>

幼儿角色游戏评价的指标（角色游戏）

<table>
<tr><th colspan="2">角色扮演</th><th>是（√）或否（×）</th></tr>
<tr><td rowspan="3">角色转换</td><td>指向自己</td><td></td></tr>
<tr><td>扮演他人</td><td></td></tr>
<tr><td>扮演他物</td><td></td></tr>
<tr><td rowspan="3">角色意识</td><td>无角色意识，由材料诱发角色行为</td><td></td></tr>
<tr><td>提出角色名称，但不能坚持</td><td></td></tr>
<tr><td>能坚持扮演某一角色，体现出较高自主性</td><td></td></tr>
<tr><td rowspan="3">角色分配与轮流</td><td>无角色意识，由材料诱发角色行为</td><td></td></tr>
<tr><td>有角色分配，但无轮流意识</td><td></td></tr>
<tr><td>自主分配角色且有较强轮流意识</td><td></td></tr>
<tr><td rowspan="2">游戏主题</td><td>主动增加家庭生活中的任务与情节</td><td></td></tr>
<tr><td>主动增加家庭之外的社会生活</td><td></td></tr>
</table>

续 表

角色扮演		是（√）或否（×）
游戏情节	情节单一、重复	
	情节丰富，有内在逻辑线索，但具有随意性	
	能够自主的预先设计游戏情节	

幼儿信息式评价的指标（自主游戏）

游戏特点			
关键词			
第一次游戏实录	镜头一：	游戏照片	
	镜头二：		
	镜头三：		
第二次游戏实录	镜头一：	游戏照片	
	镜头二：		
	镜头三：		
第三次游戏实录	镜头一：	游戏照片	
	镜头二：		
	镜头三：		
幼儿游戏发展路径			
教师分析			

（2）访谈法

访谈法是教师向幼儿发起提问并认真倾听、记录幼儿回答以获得有效信息的方法。在运用访谈法时要特别注意使用规范，要寻找固定的时间和空间完成访谈，不可将其随意穿插在日常教学间隙完成，这会造成访谈收集的信息不够准确，而导致评价效果无意义。另外，受幼儿年龄特点所限，访谈的方式、内容等都要有所选择与设计，切勿设计较高难度的问题而产生无效评价。教师还可以通过对家长或其他工作人员的访谈，更全面地获得幼儿自主性和其他方面发展的有意义信息，从而形成对幼儿更加全面、真实的了解和认知。

家长访谈提纲表——以"你好，小学"主题为例

家长访谈提纲		
意图	问题	备注
身心准备	孩子是否对入小学充满期待与向往？主动表达想上小学的愿望？	
	孩子是否会承认自己不懂，而主动请求帮助？	
生活准备	孩子是否能独立自主地完成系鞋带、戴围巾、收拾玩具等事情？	
	孩子是否会自主照顾自己，如：主动饮水、根据冷热自己穿脱衣服等？	
学习准备	孩子对阅读是否感兴趣，是否主动阅读？是否能回答相关的问题？	
	孩子是否能熟练地使用纸、颜料、剪刀、胶水、水彩笔等物品？	
	孩子是否能够同时记住两个或三个任务，并主动执行这些任务？	
	孩子遇到困难时，会有什么表现？能否自主解决问题或主动寻求帮助？	
社会准备	孩子是否能与周围同伴友好相处？能否主动与同伴交往？	
	孩子离开家人进入陌生环境后是否会沮丧？受挫时能否主动寻求帮助？	
	孩子是否能自然地与除家人以外的人交往？能否主动与他人互动？	
	孩子是否能说出自己的家庭地址和家人的姓名、电话号码？	

幼儿访谈提纲表——以"你好，小学"主题为例

幼儿访谈提纲		
意图	问题	备注
身心准备	你想上小学吗？为什么？	
	上小学以后，你最想做的事情是什么？	
生活准备	你平时几点睡觉？知道小学几点上学吗？能否自觉上床入睡？	
	你在家里会不会主动与家人一起承担家务劳动？	
	你会主动整理自己的衣物和上学物品吗？	
学习准备	你平时有自主看书的习惯吗？一般谁陪你看？	
	你周末一般会怎么过？会提前做计划吗？	
	如果你做一件事情一直没成功，你会怎么做？	
社会准备	如果和最好的朋友起冲突了，你会主动去沟通解决问题吗？	
	小学生上课不能随意说话，上课需要举手，很多事情需要遵守，你会怎么办？会自觉遵守吗？	

（3）幼儿成长档案

建立幼儿成长档案是一种综合性的评估方法，指在较长时间内收集幼儿过程性学习成果，如作品、记录表等，并对档案中的资料进行综合性的整理、分析以评价幼儿在一段时间内的学习过程和成长轨迹。幼儿成长档案能够更直观、多样化、多视角地展现幼儿学习成长和自主性发展的过程，是我园常用的评价方式之一。

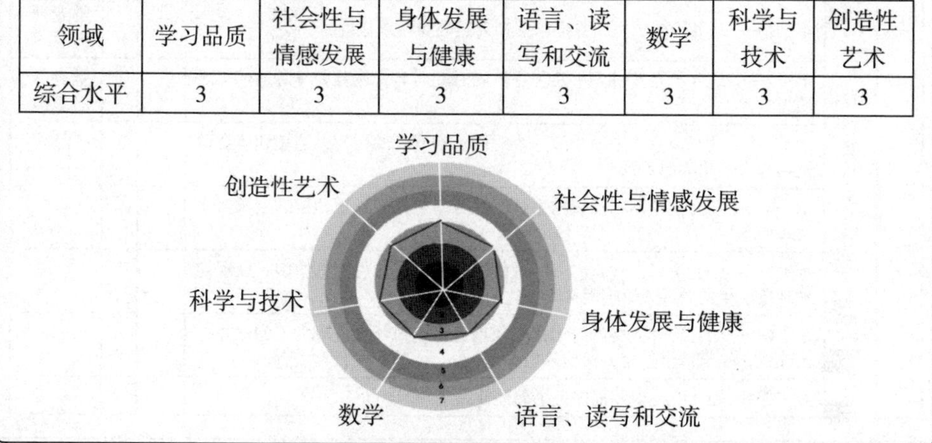

领域	学习品质	社会性与情感发展	身体发展与健康	语言、读写和交流	数学	科学与技术	创造性艺术
综合水平	3	3	3	3	3	3	3

2023—2024学年第一学期儿童发展水平概览

科学与技术	观察与分类	水平0——幼儿使用多种感官探索物体	√	1	姚老师、何老师
		水平1——幼儿用一个声音或手势来命名物体	√	1	姚老师、何老师
		水平2——幼儿用同一词命名多个物体，如用狗来表示所有4条腿的动物	√	1	姚老师、何老师
		水平3——幼儿将物体分类或配对，并识别物体的异同	√	1	姚老师、何老师
		水平4——幼儿根据物体的一个特征进行分类并解释分类的依据			
		水平5——幼儿根据物体的两个特征进行分类并解释分类的依据			
		水平6——幼儿专注地、反复地观察某些事物并详细描述其发现的细节			
		水平7——幼儿将某一类分为多个集合。在划分子集时，并能够描述每个子集的特性、子集之间的关系以及子集与集合之间的关系			
	实验预测得出结论	水平0——幼儿做一个自发的动作	√	1	姚老师、何老师
		水平1——幼在游戏探索各种工具，向一个物体施加动作，如动、投掷、推、滚、压	√	1	姚老师、何老师
		水平2——幼儿用试误来探索材料或验证想法，并能用工具来支持探索	√	1	姚老师、何老师
		水平3——幼儿描述物体或情境的变化	√	1	姚老师、何老师
		水平4——幼儿随意地做出口头预测、大胆猜测答案			
		水平5——幼儿解释实验结果，简单解释工具是如何使用的			
		水平6——幼儿将实验结果应用于新的情境或者解决问题，会使用工具和技术为日常生活服务			
		水平7——幼儿提出问题，并通过系统的检验得出可能的答案。能用技术支持自己的探索			
	自然和物质世界	水平0——幼儿感知自然并做出回应，如把头转向鸟叫的方向	√	1	姚老师、何老师
		水平1——幼儿捡起、检验或操作某种天然的物体或材料	√	1	姚老师、何老师
		水平2——幼儿给自然世界中某种物体或时间命名，体验天气对自己生活的影响	√	1	姚老师、何老师
		水平3——幼儿谈论或主动采取一个对动植物有利的行为，了解和体会动植物与人们生活的关系			
		水平4——幼儿谈论不同动植物生长的地方，感知和发现动植物生长变化及基本条件			
		水平5——幼儿可以发现材料或环境的变化，并解释可能的原因；发现物理现象产生的条件或影响因素			
		水平6——幼儿解释人类的行为是如何或为什么对环境造成危害的，并提出建议，知道珍惜生命，保护环境			
		水平7——幼儿能发现并描述一个循环或系统			

幼儿成长档案册中部分内容

2. 幼儿自主发展的结果性评价

评价目标：侧重对幼儿自主生活、自主学习、自主创造等自主性发展的能力、态度、情感的结果进行评价。

评价内容：通过幼儿发展的评价量表考查幼儿的自主性表现。

评价方法：幼儿发展的评价量表。

幼儿自主性发展目标等级评价量表（以"自主生活"为例）

一级目标	二级目标	具体目标	需要努力	状态良好	发展优秀
自主生活	身心健康	1.拥有健康的体格，良好的体态			
		2.保持情绪的稳定并能够进行自我调节			
	生活独立	1.具有自我照顾的意愿和能力			
		2.乐于接受任务并尝试独立完成，具备独立生活的能力			
	乐于交往	1.乐于参与群体活动并在其中感到快乐			
		2.喜欢交朋友并具备发展良好人际关系的方法和能力			
	积极适应	1.有规则意识，并能够自觉遵守			
		2.能够积极面对和较好适应新环境			
		3.愿意独立接受新任务并敢于表达自己需求			

（二）对教师的评价

1. 教师自主发展的过程性评价

评价目标：促进教师在课程设计、实施和反思中的专业成长，提升课程设计和实施能力。

评价内容：教师在课程设计和教学过程中的表现，包括教学方法、教学质量、教学效果等；观察教师在课程设计中的创新、教学策略的运用以及对幼儿自主性的支持。

（1）对教学内容的评价：课程设置和教学内容的合理性和有效性，包括教学内容的选择、教学设计、课程目标达成情况等。

（2）对教学环境的评价：评价课程实施的环境和条件，包括教室设施、教学设备、学习资源等是否能够支持有效的教学活动。

（3）对教学管理的评价：课程管理和组织情况，包括课程安排、教学计划执行情况等方面。

评价方法：自我评价、他评、自评与他评并行。

自我评价，即教师对照外在的评价标准，通过自我反省和自我分析，对自身的教育行为及教学效果进行价值判断。一般来说，自我评价较易表现出较高的主观性，因而自我评价有技术和思想方法两方面问题。因此，自我评价应当与其他评价方式结合起来使用。

自评：进行案例反思等。

他评：观摩活动、教学研讨、课例分析等。

2. 教师自主发展的结果性评价

评价目标：评估教师教学质量以促进专业发展。

评价内容：教师的专业自主性发展情况调查。

评价方法：教师自我评价、他评、自评与他评并行。

自评：填写自评表等。

他评：专业化考核等。

【案例】"三角"模型助推教师专业发展

"三角形"是一种稳定的结构，我园在课程管理方面特别关注园所的教师专业发展，在长期探索中形成了"三角"型教师专业发展路径。

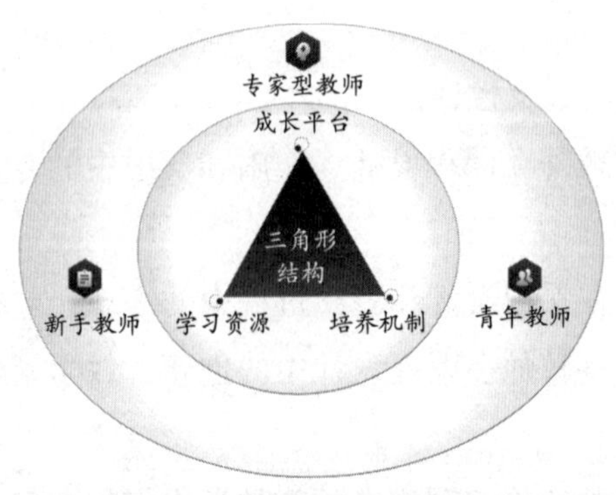

"三角"型教师专业发展路径图

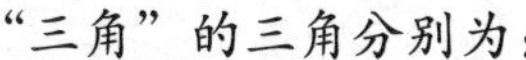

“三角”的三角分别为：

教师学习资源：针对不同教师类型（新手、青年、专家型教师）提供适宜的学习资源，为教师提供专业学习的机会，可以通过邀请专家入园、外出观摩、老带新等方式。

教师培养机制：建立常规化、稳定性、高质量的教师发展机制，如每周教研会、每月听评课等。

教师成长平台：搭建教师专业成长平台，让教师的学习看得见，激发教师持续成长的动力。例如，听评课、案例评选、最美教师评选等。

幼儿园是教师重要的职业成长平台，而教师的职业成长对园所课程建设起到关键作用。因此，我园一直以来重视对教师专业发展的支持，根据不同教师需求开展不同形式、不同内容的教研活动，不断助力教师成长。

“圆桌论坛”式

圆桌论坛是指一种平等对话的协商会议形式，与会者不分等级围圆桌而坐，每个人都以平等的身份参加会议。圆桌论坛的研讨要遵循平等原则、共识原则、公正原则、和平原则。幼儿园开展圆桌论坛需要从人、材料、场地、内容四个维度入手，做好准备工作。

主题辩论式

辩论最基本的定义是一种通过言辞辩驳的方式，就某一特定问题进行交流、讨论、辩论的过程。它是通过思考、表达和辩论等过程，提高自己的思维能力和语言表达能力的方式。同时，辩论也是一种文化和社交活动，它可以促进人们之间的交流、理解和合作。通过主题式辩论，可以提高自己思维和表达的能力；在辩论的过程中，可以更好地理解和分析问题，从而做出更合理的判断和决策。

案例分享式

通过选择各园来自一线的教职员工的问题（可以是各园日常教育实践中具体、真实的困惑或问题，某一个活动场景的描述或情境再现，也可以是成功或失败的足以引起教师反思和考量的实例）进行案例分享。除此之外，选择的案例需具有代表性，而不是个别的现象，从而达到唤醒老师的原有经验，并能基于问题分析思考、实践检验。

情景模拟式

情景模拟式强调要运用真实情境，跟幼儿园的实际问题相联系，而不要凭空捏造。到底现场是怎么发现的？有什么细节需要我们关注呢？通过还原事故现场，走进现实问题，用客观、中肯的角度进行评价，从而找到解决问题的方法。

头脑风暴式

头脑风暴式又称作"圆圈说""轮流说"，大家坐成一个圆圈，围绕议题轮流发言，每次只能说一个想法，不得对别人的想法做出任何评价；打破现实教研中普遍存在的几名骨干园长唱主角，其余园长当配角甚至当观众的现象，提倡教育民主，机会平等，每个人都能充当会议的主角；同时在短时间内突发灵感与创作，在头脑中激起风暴。

对话互动式

教研是一场有意义的对话，借助每一次对话，帮助老师们建立新的认知，将潜意识里的东西意识化，告别"浅"与"模糊"，走向"清晰"与"深刻"。对话互动式是指园长们选择自己感兴趣的议题、组合成不同的研究小组，在游戏中进行交流、互动，让每一位园长都能侃侃而谈，其背后一定有许多实实在在的观察、思考与投入；在不断地对话与碰撞中，才能形成鲜活的教育主张。

专家引领式

专家引领式论坛模式是教师、幼儿园发展的必经之路。专家引领就是一面旗帜，指引着前进的方向；是一盏航灯，是教师专业成长的重要途径；也是幼儿园办学水平提升的重要保证。专家引领论坛实质上就是教学理论对教学实践的指导，是两者之间的对话、互动。

（三）对课程的评价

课程评价的目的在于更好地了解课程实施情况和效果，一般会通过对幼儿、教师、教学内容、教学管理、教学环境等方面进行综合评价。在课程评价过程中纳入尽可能多的对象，最大可能地反映课程实施的情况并进行更好的调整。

评价目的：促进"自主至臻"课程方案的动态性调整与完善。

评价内容：课程方案的评价、课程实施过程的评价、课程效果的评价。

（1）“自主至臻”课程方案评价

① 评价目标：课程设计的科学性、适宜性和对幼儿自主性发展的支持性。

② 评价内容：课程目标的明确性、内容的适切性、实施策略的有效性。

（2）“自主至臻”课程实施过程评价

① 评价目标：活动组织、教师支架支持、幼儿参与度和自主性。

② 评价内容：活动观察记录表、教师反馈和幼儿活动参与情况。

（3）“自主至臻”课程实施结果评价

① 评价目标：课程目标达成度、幼儿发展水平和教师专业成长的综合评估。

② 评价内容：课程效果评估、幼儿发展评估和教师专业发展评估。

评价方法：建立课程管理保障和运营机制，建立课程编制管理、课程实时管理、课程评价管理等机制。

下篇

“自主至臻”

课程案例

小班：嗨！蛋宝宝

朱乐平　张曼玉　董贝贝

一、主题活动说明

（一）主题活动缘起

餐后散步是幼儿每天都会做的事情，在散步的时候，幼儿时而会被路上的小草吸引，时而会被草丛中的昆虫吸引……与往常不同，这一天，我们散步的时候，走到了饲养区，一颗白白圆圆的蛋打断了孩子们散步的节奏。“这个蛋可以吃吗？这是鸡妈妈生的蛋吗？这个蛋里有小鸡吗？”孩子们对蛋的兴趣并没有因为散步结束而消失，反而每天都会念叨那天看到的“白白圆圆的蛋”，经常问：我们吃的是幼儿园的鸡妈妈下的蛋吗？鸡妈妈怎么孵蛋宝宝呢？……看来，对于鸡蛋，孩子们有太多想要了解和需要了解的内容，《3—6岁儿童学习与发展指南》中也指出：幼儿科学学习的核心是激发探究兴趣，体验探究过程，发展初步的探究能力。基于蛋的特性及幼儿的发现，通过触摸、品尝、观察等方式来感知蛋的特点，引导幼儿通过观察、比较、操作、实验等方法，发现并了解蛋的特性。充分利用自然和实际生活学习发现问题、分析问题和解决问题，帮助幼儿不断积累关于蛋的知识经验。通过“嗨！蛋宝宝”的主题活动，幼儿能够在交流、谈话、手工制作创造性地使用鸡蛋做实验及使用蛋壳制作不同的艺术品的过程中提升自己的动手操作、探索及创造、表达表现的能力；也能够在孵化蛋宝宝的过程中，感知生命的不容易，从而知道爱护生命、保护动物。就这样，关于“蛋”的探索也随之展开了。

（二）主题活动目标

在开展“嗨！蛋宝宝”主题活动的过程中，幼儿在各方面都得到了发展。

科学方面，幼儿可以通过触摸、品尝、观察等方式来感知蛋的特点，引导幼儿通过观察、比较、操作、实验等方法，发现并了解蛋的特性，帮助幼儿不断积累关于蛋的知识与经验；艺术方面，引导幼儿在手工制作，创造性地使用鸡蛋及蛋壳，制作不同艺术品的过程中提升自己的动手操作、探索及创造、表达表现的能力；社会方面，幼儿可以在孵化蛋宝宝的过程中，感知生命的不容易，从而知道爱护生命、保护动物等。各方面协调发展，为幼儿后续的学习与发展打下基础。"嗨！蛋宝宝"主题活动小班幼儿发展目标见下表：

小班主题活动"嗨！蛋宝宝"幼儿发展目标

总目标	具体目标
自主生活（重点发展）	1.了解蛋的营养价值，知道挑食并不是良好的饮食习惯。 2.愿意为形成良好的饮食习惯而努力。 3.对群体活动有兴趣，愿意和小朋友一起搭建鸡窝，能友好地提出自己的需求。 4.在探索鸡蛋的过程中，自己能做的事情愿意自己做，能够承担一些小任务
自主学习	1.在探索鸡蛋的过程中愿意主动表达自己的想法，如给小鸡取名字、照顾小鸡。 2.在活动中，保持一定时间投入对蛋的观察，包含蛋的外形、孵化周期等。 3.愿意亲近大自然，对认识蛋的种类及结构有好奇心，并有积极提问的习惯
自主创造	1.能创造性使用不同表征方式创作鸡蛋、蛋壳小宠物，并乐在其中。 2.对大自然中美的事物有独特的体验与感受，喜欢自然带给自己美的体验

（三）主题活动资源

主题活动的顺利开展离不开幼儿周围环境中的各种资源的支持，我们以幼儿为中心，整合主题开展可能需要的资源，整理见下表：

主题活动开展所需的资源

类型	名称	内容
人力资源	园内资源	医生：医生妈妈进课堂，为孩子们讲解蛋的营养价值，以及对身体的好处。 厨师：为幼儿讲解蛋制品的做法

续 表

类型	名称	内容
人力资源	园外资源	家长：组织孩子进超市、农场、市场等场所了解蛋的种类；幼儿和家长一起制作各种蛋制品，共同售卖
物质资源	园内资源	自然资源：植物角。 基本物资：各种蛋，关于蛋的绘本，美工区蛋手工材料，积木区积木及纸箱搭鸡窝，主题相关绘本
	园外资源	自然资源：农场。 社会物资：组织孩子进超市、农场、市场等场所了解蛋的种类和孵化
文化资源	园内资源	主题结题活动
	园外资源	关于孵小鸡的知识类书籍
信息网络资源（辅助资源）	可使用的工具	孵蛋器
	可下载的资源	相关图片、音乐、视频
	幼儿可使用的新技术	孵蛋器孵蛋

二、主题活动实施设计

（一）主题活动结构及发展线索

开始阶段　认识蛋
- 兴趣驱动：种植区的蛋是不是鸡蛋？
- 自主探究：生活中有哪些蛋？
- 自主反思：相同的蛋也有着不同的特点？

↓

发展阶段　蛋可以做什么？
- 兴趣驱动：蛋可以用来做什么？
- 自主探究：做实验—做手工—做美食
- 自主反思：蛋的用途与特性有关？

↓

高潮阶段　如何照顾小鸡？
- 兴趣驱动：如何孵小鸡？
- 自主探究：母鸡孵小鸡和孵蛋器孵小鸡的不同
- 自主反思：小鸡孵出来了如何照顾？

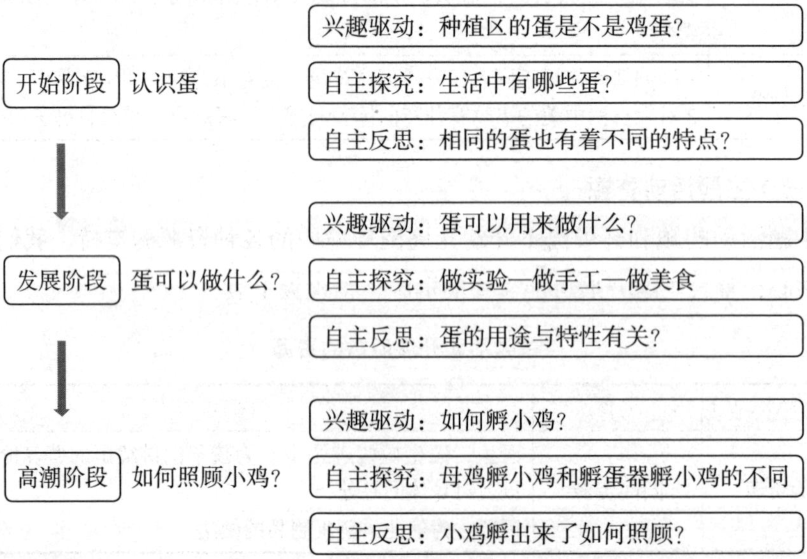

“嗨！蛋宝宝”主题活动结构及发展线索图

开始阶段："认识蛋"是第一阶段。教师通过谈话活动对幼儿已有经验进行梳理和重组；幼儿观察各种各样的蛋，获得关于蛋的更多经验，对蛋的结构等有了更多的认识和了解。

发展阶段："蛋可以做什么"是第二阶段。幼儿通过直接感知、亲身体验、实际操作，与同伴和教师一起进行蛋游戏、做手工、做美食，跟蛋宝宝充分互动；在自主学习、大胆探索中，学习更多观察事物或现象的方法，使幼儿对蛋的生活价值有更多认知。

高潮阶段："如何照顾小鸡"是第三阶段。教师和幼儿一起商量如何照顾小鸡，学习如何喂食、做窝以及领养小鸡的注意事项，使幼儿萌发出尊重生命、热爱生命的情感，并学会照顾动植物。

（二）自主环境创设

1. 自主物质环境

（1）基础区域

美工区：

创设思路：美工区除摆放基础美工材料外，还摆放了鸡蛋手工制品，启发幼儿自主创作。另外，在美工区腾出空间放置关于鸡蛋制品的图书作为幼儿创作时的参考。在美工区专设"主题材料"格，便于幼儿使用。

材料投放：纸、笔、油画棒、各种颜色的橡皮泥等美工材料、各种蛋的模型、蛋壳、纸盒。

美工区环境

语言区：

创设思路：投放各种关于蛋的书籍，以便幼儿从故事书中学会如何保护蛋宝宝，学会细心地、耐心地照顾好蛋宝宝；学习用完整的语言来描述蛋的结构与同伴分享交流自己的所见所闻，了解更多有关蛋的知识。

材料投放：“保护蛋的方法”海报、蛋主题相关的书籍、蛋的构造图。

积木区：

创设思路：除投放搭建材料外，投放可以用于搭建的纸箱、纸板做小动物的家，启发幼儿自主搭建。在积木区投放动物模型和草坪，供幼儿搭建多种场景，如动物园、农场等。

材料投放：各类积木、辅助搭建的纸箱、纸板、小鸡模型，各种动物模型、草坪。

操作区：

创设思路：投放有关各种蛋的模型，便于幼儿操作对比；投放关于蛋的益智玩具，让幼儿在操作中学习图形、数字。

材料投放：各类蛋模型、蛋益智玩具。

按数取物材料

图形匹配材料

（2）主题活动区域

创设思路：投放各种各样的蛋，通过摸、闻、看等直接感知的方式，丰富幼儿对蛋的认识。幼儿通过观察蛋的孵化，对动物的出生感兴趣。投放笔和记录单，便于幼儿用绘画的方式记录蛋宝宝的孵化过程。

材料投放：各种蛋（鸽蛋 、鹅蛋、鹌鹑蛋、鸵鸟蛋、鸡蛋、鸭蛋、乌龟蛋、鹌鹑蛋），乌龟蛋孵化盒，鸡蛋孵化器，孵化过程记录单、笔。

蛋主题环境

乌龟孵化角

2. 自主心理环境

（1）设置蛋宝宝问候时间，教师和孩子一起去看望蛋宝宝，营造温馨、友爱的情感氛围。

（2）在家庭设置“小鸡宝宝”养育时间，让孩子在家跟爸爸妈妈说一说照顾蛋宝宝的感受，营造家庭温馨爱的瞬间。

（3）结合主题，设置一个“温暖的小窝”，教师和幼儿可以在这个地方进行温馨的交流。

（4）布置主题展示墙，提供一个互动墙面的环境，让幼儿与墙面中呈现的学习内容进行互动，从而让幼儿更加具有自主感和安全感。

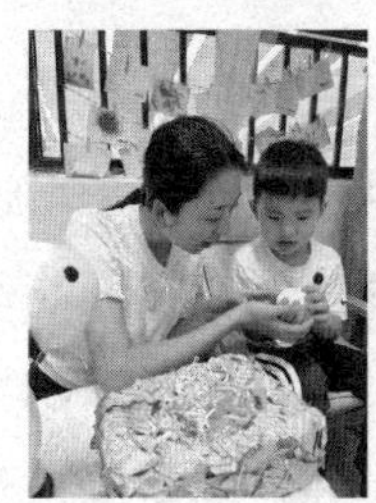

感官认识蛋

和小鸡一起看书

观察蛋的孵化

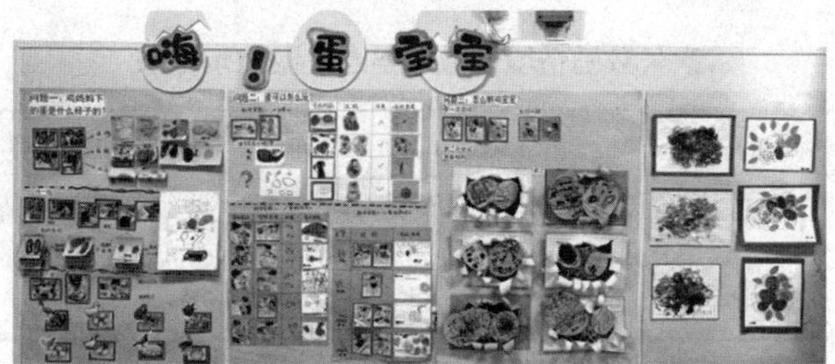

蛋主题的探究过程墙面

（三）自主行为的激励

幼儿在探索鸡蛋的过程中会呈现不同的状态，在主题活动开展的过程中需要教师关注幼儿的情绪、想法，以正向评价和激励为主给予相应的以促进幼儿发展为目标的评价。具体评价在“嗨！蛋宝宝”主题活动实施过程中可结合下表的激励要点与激励示范进行。

1. 教师激励要点

教师激励情境、激励要点及激励示范表

激励情境	激励要点	激励示范
当幼儿对蛋有很多好奇点时	不要忽略幼儿的想法，可以将幼儿的想法收集起来，并对他们愿意提出问题表示鼓励	你们有很多想法，这真是太好了，我们把这些想法记下来，然后一个个地尝试，好吗？
当幼儿在积木区搭建鸡窝遇到困难时	教师要注意关注幼儿的情绪，给予幼儿支持帮助，使他在一定的帮助下自己解决问题，不要轻易地直接代替幼儿解决问题，这样会剥夺幼儿的成就感	你们遇到什么困难啦，动脑筋想想可以用什么材料代替呢？
当幼儿做蛋壳作品很不错时	教师要及时给予正向的、具体的评价，让幼儿看到自己做得好的地方，强化获得的经验	你刚刚用了这种胶水粘蛋壳画，成功把蛋壳粘上去啦，你的想法太棒了！

2. 家长激励要点

家长是推动活动开展的重要力量，同时家长与儿童互动的时间也是增进亲子关系的重要时刻。作为幼儿重要的家人，家长对幼儿的评价会直接影响幼儿自我认识的形成，在“嗨！蛋宝宝”主题活动开展过程中，家长和孩子的互动需要注意倾听孩子的心声。在具体的情境中可参考下表激励要点与激励示范对幼儿进行评价。

家长激励情境、激励要点及激励示范表

激励情境	激励要点	激励示范
当孩子不小心将鸡蛋摔碎时	不要责怪孩子，应该和孩子一起分析原因，认真倾听孩子的心声，并鼓励孩子自己收拾摔碎的鸡蛋	我知道鸡蛋摔碎了你也难过，那我们把摔碎的鸡蛋收拾好，好吗？

续 表

激励情境	激励要点	激励示范
当家长和孩子一起观察孵化鸡蛋的变化时	可以将照顾的行为重新讲出来帮助幼儿强化，并鼓励孩子做得好的地方	今天你拿鸡蛋的时候动作很轻，这样鸡蛋就不会受伤了，你做得很好！
当家长和幼儿一起准备鸡窝时	引导幼儿自主选择材料，自己动手做	你想用什么东西给小鸡准备家呢？可以怎么做？

三、主题活动实施过程

兴趣驱动一：认识蛋

在发现饲养区的蛋之后，孩子们纷纷说出了自己所了解的关于鸡蛋的认识。

糖：我认识鸡蛋，鸡蛋小小的。

毛豆：鸡蛋的形状是椭圆形的。

卓然：我家有一本书上面有很多蛋呢！

瑶：我不知道饲养区的蛋是不是母鸡生的。

有的幼儿认为这是母鸡下的蛋；有的幼儿认为母鸡在鸡窝里面没出来，不应该是母鸡下的蛋。这颗蛋到底是不是鸡蛋，鸡蛋是什么样的呢？于是我们开启了探索鸡蛋的第一阶段：认识蛋。

开始阶段：认识蛋

自主探究：

1. 各种各样的蛋

在了解孩子们对鸡蛋具有浓厚的探索欲后，老师给孩子们发放了调查表。于是，孩子们带着调查表，到家里、超市，或是通过网络检索的方式收集了各种各样的蛋。在这个过程中，孩子们有了新的收获，也产生了新的困惑。在分享的过程中，孩子们是这样说的：

黄豆：鹅蛋大大的。

泡泡：鸸鹋蛋为什么是绿色的？

糖糖：鸵鸟蛋好大呀，像一个气球一样。

凯凯：鹌鹑蛋有黑色的花纹。

幼儿通过对比自己收集的蛋后，知道饲养区里面的蛋就是鸡妈妈下的鸡蛋，同时也知道除了鸡蛋，还有鸭蛋、鸽蛋、鹌鹑蛋、鸵鸟蛋等。接着，幼儿将收集到的所有蛋，进行观察、对比后，认识不同蛋的特征，发现鸸鹋蛋是绿色的、鸡蛋是肉色的、鹅蛋是白色的。通过大小排序，幼儿知道了鸵鸟蛋是最大的，鸸鹋蛋比鸵鸟蛋小一点，最小的是鹌鹑蛋。

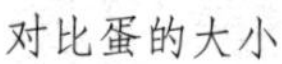
对比蛋的大小

按蛋大小排列顺序

2. 蛋的结构

幼儿把生蛋敲开，把煮熟的蛋切开，通过摸一摸、看一看、尝一尝，发现了蛋清和蛋黄的不一样，颜色不一样，口感也不一样。生蛋蛋清像黏黏的胶水，蛋黄像太阳。幼儿还发现蛋煮熟后，蛋清和蛋黄分别凝固在一起，蛋清变成了白色的，蛋黄像个圆圆的乒乓球。可是，为什么有的鸡蛋蛋黄偏橙色？有的鸡蛋蛋黄偏黄色呢？幼儿在认真观察后，发现不同颜色的蛋黄，它们蛋壳的颜色也不一样。于是，他们得出结论：鸡蛋长得不一样，里面的蛋黄也不一样。

观察生熟蛋

讨论生熟蛋的不同

自主反思：在第一阶段，小朋友们在户外考察与网络检索中发现了不同种类的蛋。接着，幼儿对各种收集到的鸡蛋使用看、摸、闻等方式了解不同蛋的特征。可是，为什么蛋黄的颜色会不一样呢？幼儿通过不断探索，最后发现蛋黄的颜色跟蛋壳有关。

兴趣驱动二：蛋可以做什么呢？

在了解了鸡蛋的外形、颜色以及触感后，孩子们对蛋可以用来做什么产生了好奇。

凯凯：蛋可以用来做什么呀？

黄豆：蛋可以做成咸蛋，我很喜欢吃咸蛋。

泡泡：还可以在蛋壳上面画画。

希玥：我知道了，我们可以做实验，蛋在水里能不能飘起来呢？

于是，我们就开始一轮新的行动。

发展阶段：蛋可以做什么

自主探究：

1. 蛋实验

科学实验一：醋泡蛋

基于孩子们认为蛋可以用来做实验的观点，教师开展了一个很有意思的科学活动——醋泡蛋。教师和幼儿一起在厨房收集了醋、可乐、盐和鸡蛋作为本次实验的材料。接着，幼儿把鸡蛋分别放进加了可乐的罐子、加了盐水的罐子、加了醋的罐子。最后，教师和幼儿一起观察用醋、可乐、盐水等浸泡蛋，蛋会有什么变化？用不同液体浸泡鸡蛋，蛋与蛋之间的变化会有什么样的不同之处？

孩子们的观察是非常细致的。鸡蛋在浸泡了两天和五天的时候，孩子们纷纷有了自己的发现。鸡蛋在浸泡了两天时，梓铭发现："盐泡着的蛋好像变白了。"元宝观察发现："醋泡着的蛋壳变颜色了。"鸡蛋浸泡五天时，书涵发现："醋泡着的蛋摸起来软软的。"彤彤观察发现："可乐泡着的蛋蛋壳变成黑色了，里面的蛋清都变黑了。"

倒入白醋　　放入容器

第一天

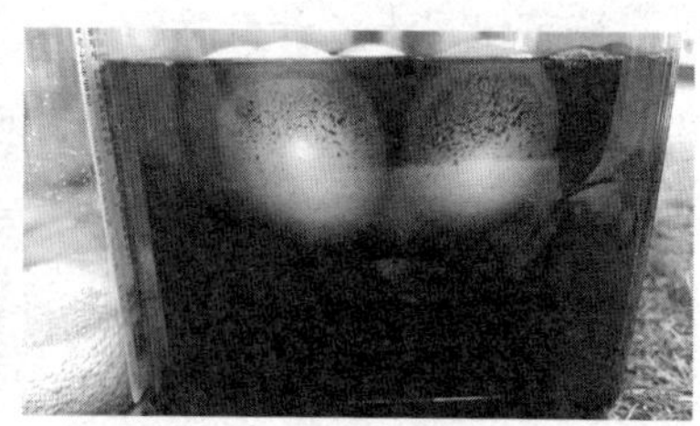

第二天

科学实验二：蛋的沉浮

还可以用什么方式让蛋浮起来？基于这样一个问题，教师带领幼儿找了各种材料（积木、纸筒、木片、纸杯、盐、白糖等），开展了小组实验活动。在活动中，幼儿实际操作物体，并记录沉浮现象：“木片浮起来但是蛋沉下去啦！”“我放了盐进去，鸡蛋慢慢浮上来了”……最后，幼儿发现：①积木、纸筒、木片都不能让鸡蛋浮起来；②通过搅拌盐可以让鸡蛋浮起来；③把蛋放进纸杯里，蛋也可以和纸杯一起浮起来。

木片实验

盐水实验

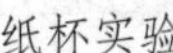
纸杯实验

纸筒实验

自主反思：在探究还可以用什么方式让蛋浮起来的时候，教师为孩子们提供了丰富的材料。小朋友们也积极地使用积木、纸筒、木片、纸杯、盐、白糖等进行实验。经过实验后，孩子们发现：“木片浮起来但是蛋沉下去啦！”“我放了盐进去，鸡蛋慢慢浮上来了”……

2. 蛋手工

蛋除了做科学实验还可以用来做什么呢？有的小朋友说可以做蛋手工，有的小朋友进一步提议可以把鸡蛋变成彩蛋。可是，怎样才能将鸡蛋变成彩色的蛋呢？小朋友们认为可以使用一些颜料笔将鸡蛋变成彩蛋。于是，教师提议小朋友们可以到美工区寻找他们需要的材料。黄豆选择了水彩笔，但是很快他发现水彩笔画上蛋壳的颜色不显眼而且很容易擦到手上。凯凯选择了黑色马克笔，大宝选择油画棒，晞晞选择颜料笔，他们分别用不同的笔画蛋壳画。最后，孩子们通过对比发现：黑色的马克笔画的不容易被擦掉。但是，小朋友认为“黑黑的蛋还是没有彩色的蛋好看”“颜料笔画出来很难干容易流得到处都是”。最后，小朋友们一致认为“还是油画棒画蛋壳画好看”。

不同工具画蛋

油画棒画蛋

自主反思：制作彩色的蛋是孩子们喜欢的活动，但即便是小小的活动，小朋友们也有着自己的思考，比如"黑黑的蛋还是没有彩色的蛋好看"，又比如"颜料笔画出来很难干容易流得到处都是"，再比如"还是油画棒画蛋壳画好看"。

3. 蛋美食

蛋做了好玩的科学实验和手工，还可以做什么呢？孩子们在认真思考后说，"蛋可以做吃的""我还吃过咸咸的蛋呢""我也吃过"……就这样，教师和幼儿一起走进厨房，开始收集制作咸蛋的材料，其中包括花椒、香叶、盐、白酒等。为了制作出好吃的咸蛋，小朋友们还去请教了厨房阿姨，了解到腌咸蛋的时间为15天到一个月。在腌好蛋后，孩子们每天观察蛋的颜色、气味的不同之处。15天过去了，孩子们终于吃上了自己腌制的咸蛋，家长们也表示："之前就有听孩子说在幼儿园做了咸蛋，没想到他还真做出来了。"

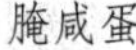
腌咸蛋

取出腌好的蛋

兴趣驱动三：我们开始了孵蛋计划，那从哪里找蛋来孵小鸡呢？

阳：我家里有鸡蛋。

希玥：可以去厨房找叔叔要几颗。

糖：手机上可以买。

……

通过前期的经验铺垫，孩子们了解到并不是所有的鸡蛋都可以孵化出小鸡，只有受精的蛋才可以。于是我们家园联动，一起购买了受精鸡蛋。

高潮阶段：如何照顾小鸡

自主探究：

1. 孵化鸡蛋

第一次孵蛋：小朋友们有的把蛋放进草丛里，有的把蛋埋进了沙子中，有的把蛋放在了口袋里……但是一段时间过去后，孩子们发现蛋没有变化。于是，孩子们再次猜测，是不是鸡蛋需要像母鸡一样坐着才能孵出来小鸡呢？

放入草丛

埋进沙子里

第二次孵蛋：为了验证自己的猜想，孩子们尝试学习母鸡孵蛋的姿势：将蛋夹在腋下。可是，有的小朋友把蛋夹碎了；有的小朋友说夹着太累了，手都麻了；还有的小朋友说，蛋太圆了，容易掉下来……

就这样，孩子们第二次孵蛋再次失败了。为了成功孵出鸡蛋，教师和孩子们一起查阅资料，发现孵鸡宝宝要有适合的温度和湿度，并需要长时间保持特定的温度及湿度，只有母鸡和孵蛋器能孵出来小鸡宝宝。于是我们结合家长的力量，准备了孵蛋器和受精蛋。

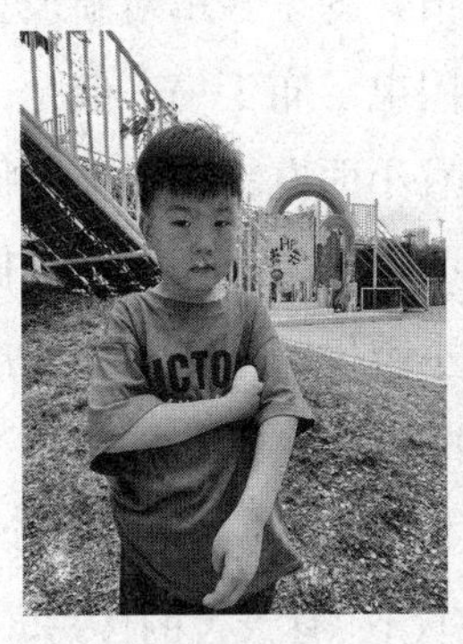
腋下孵

孵蛋失败

第三次孵蛋：这一次，每个小朋友在蛋上面画了独有的标记，并且每天进行观察记录。

孩子们通过观察记录发现：

瑶瑶：鸡蛋里有小黑点，那是什么呢?

糖糖：我觉得是小鸡的眼睛。

阳阳：小鸡才孵两天是没有眼睛的。

在此过程中，对小鸡的孵化过程有了初步的认识（如孵化时间，胚胎发育的形态和过程）。

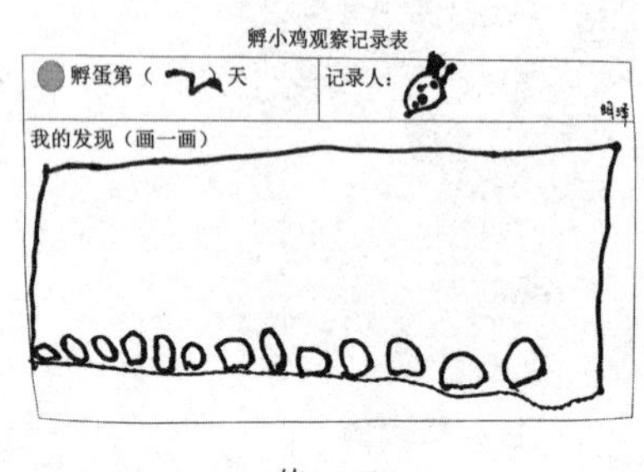

第二天

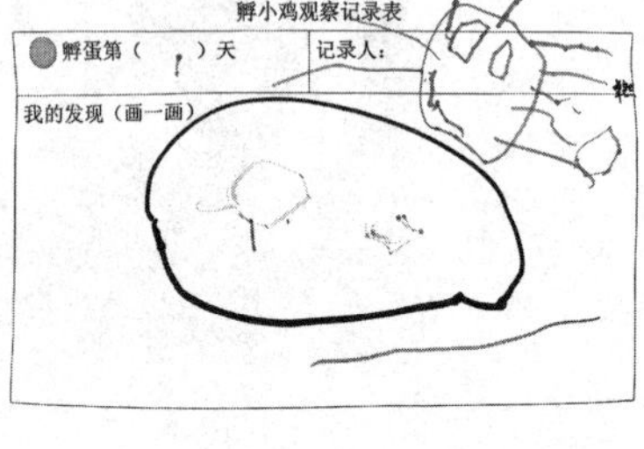

第六天

自主反思：孵蛋的过程并不是一帆风顺的，而孩子们在每一次的探索中都会产生一些思考。第一次失败后，有孩子提出“是不是鸡蛋需要母鸡一样坐着才能孵出来小鸡呢？”第二次失败后，孩子们还发现使用夹着蛋孵蛋的方式并不能成功。第三次孵蛋时，孩子们则细心观察着在孵蛋器中鸡蛋每天的变化。就这样，孩子们在探索与解决问题中，成功地孵出了小鸡。

2. 给小鸡做家

成功孵出小鸡是一件令人兴奋的事情，为了表示对新成员的欢迎，孩子们还给小鸡取了好听的名字，如小乖乖、闪电、布丁……但是，孩子们也有些担心小鸡，因为小鸡还没有家呢！这时，有小朋友提议“那我们可以给小鸡做一个家呀。”于是，孩子们各抒己见：有的说，可以用泡沫箱做鸡窝；有的说，可以用纸箱做；等等。就这样，关于给小鸡做家的活动正式启动，就连家长们也被小朋友邀请加入制作“小鸡的家”的工作。

维维：我和妈妈、弟弟用透明胶粘住纸箱给小鸡做了一个家。

泡泡：我给小鸡做了一个有窗户、有门、有天台的楼房。

糖糖：我和妈妈用牛奶盒和塑料瓶给小鸡做家，小鸡可以在塑料瓶里吃东西。

小鸡的家

泡泡的鸡舍

3. 照顾小鸡

（1）小鸡吃什么？

小鸡要长大的话，需要吃什么呢？为了照顾好小鸡，孩子们从家里带来了玉米面、小米、青菜、大米。在喂养小鸡的过程中，孩子们发现：

毛豆：小鸡吃小米吃得好快呀。

黄豆：大米是不是太大了，小鸡吞不下去。

小缨：小鸡吃青菜只吃了一点点。

卓然：小米吃完了，看来我们的小鸡最喜欢吃小米。

通过喂养、观察发现小鸡不仅喜欢吃小米，还喜欢吃沙子，原来是因为沙子能促进小鸡消化食物。

喂青菜

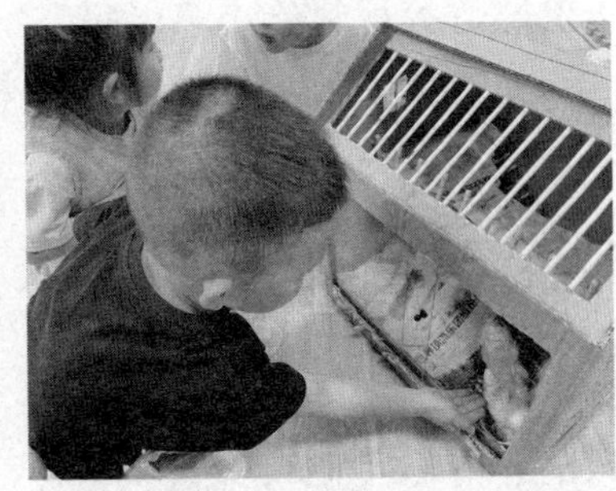
喂小米

（2）小鸡喂多少水？

有一天，小宝发现：鸡窝里有很多的水，小鸡的身上也很多水。有的小朋友猜测，小鸡是不是打翻了水？通过观察发现，小鸡喝了水后很快就会尿尿，所以鸡窝里都湿湿的。于是幼儿减少了喂水次数，并决定每天早、中、晚给小鸡喂食时再给小鸡喂少量的水。

喂水

观察饮水情况

自主反思：在喂养小鸡的过程中，孩子们发现，小鸡以及鸡窝里面有很多水，这究竟是为什么呢？最后，孩子们观察发现是小鸡喝水喝得太多了。于是，孩子们决定减少给小鸡喂水的次数。

（3）小鸡会不会冷？

有小朋友发现，小鸡吃完了小米也喝了水，但是一直在叫。刚好这天下雨气温下降，幼儿猜测：小鸡是不是太冷了呀？于是，小朋友们开始给小鸡找温暖、柔软的材料，以免小鸡生病。就这样，幼儿找来了拉菲草、报纸、皱纹纸、布、保温灯等材料给小鸡保暖。不仅如此，泡泡小朋友还给出了新的建议：“我们做一个小鸡喂养指引告诉小朋友该怎么照顾小鸡吧。”

换垫料

安装保温灯

四、主题活动实施反思

（一）对主题活动开展过程和效果的反思

关于鸡蛋的主题活动主要缘于孩子们在散步时的发现，孩子们对鸡蛋有着诸多想要探索的内容，因此在主题活动的选择上是适宜幼儿的。同时，蛋的主题活动是一个有助于幼儿社会性发展的主题活动，因为孩子们可以通过制作蛋制品，联动家长、社区买卖蛋制品，获得社会交往能力的提高。但是，在"嗨！蛋宝宝"的主题活动中渗透进去的生命教育这个主题对小班幼儿来说还是较抽象的。虽然主题活动的探索采用了饲养小鸡，以了解动物的出生及死亡的方式，加强幼儿对生命教育的理解，但是幼儿在此主题的感悟也是较为浅显的。

（二）对幼儿自主发展的反思

透过主题学习，幼儿在语言能力、社会发展、动手操作三方面能力得到全面提升；幼儿了解到许多关于蛋的知识，包含蛋的外形、孵化周期、照顾小鸡等，完成了预设的主题目标。在主题结题活动中，通过亲子制作蛋美食和蛋手工、体验蛋游戏，使幼儿关于蛋的特征、用途等认知经验变得丰富了起来，并且建立起了与自我、自然、社会的联结。同时，幼儿在主题探究过程中愿意主动表达自己的想法，如给小鸡取名字、照顾小鸡，并且在发现问题时能积极主动提出自己的意见。

（三）对教师教育行为的反思

在"嗨，蛋宝宝"主题活动中，教师时常被孩子们的爱打动。孩子们想要见证一个生命诞生的情感是那么的急切，当在这个过程中发生了一些小意外时，教师会根据孩子的情况给予一定的支持，或是提供更多的材料，或是跟孩子一同寻找新的生长点，一点点地呵护着孩子善良的本能。当然，在指导过程中，教师仍旧存在不足的地方。比如，教师提供丰富的材料和资源让幼儿主动学习，自由探究，但是小班幼儿动手操作能力有限，知识经验受限于生活经验，就需要给到幼儿更多的时间去操作、去发现。

五、整理课程资源

“嗨！蛋宝宝”课程资源表

适用年龄段	3~4岁幼儿（小班）
幼儿获得的发展	幼儿通过触摸、品尝、观察等方式感知蛋的特点。在用鸡蛋做实验及用蛋壳制作不同的艺术品时，培养幼儿的动手制作、表达表现能力。在实践孵蛋及照顾小鸡过程中了解生命的不容易，从而懂得爱护生命、保护动物。
资源的开发与利用	利用家长资源完成了年级活动“半日相约，蛋趣横生”。
主题生成点	小鸡冷了怎么办？
推荐书目	《发现课程：基于园本课程建设的孵化行动》《幼儿园生活化课程》《幼儿园开放性课程》
特别建议	可尝试多种蛋孵化，但需注意每种蛋孵化温度要求不一样，周期也不一样。

小班：沙沙作乐

练文秀　徐迪

一、主题活动说明

（一）主题活动缘起

在温暖的秋日里，孩子们在户外的沙池里嬉戏。他们的目光总会不自觉地被那一片金黄所吸引，无论是静静坐着的孩子，还是忙碌奔跑的孩子。他们在沙池里玩沙，一边搭建城堡一边兴致勃勃地讨论着。这场游戏不仅仅是简单的娱乐，更是孩子们与自然的对话，是他们对世界的好奇和探索。《3—6岁儿童学习与发展指南》中明确指出：应当把游戏还给儿童，最大限度地支持和满足幼儿通过直接感知、实际操作和亲身体验获取经验的需要。小班幼儿在玩沙游戏中百玩不厌，通过触觉体验沙的质地，观察沙子与水、风等自然元素的互动效果，促进感官发展；通过探索沙子的形成过程、特性以及与环境的关系，培养初步的科学探究能力。利用沙子制作模型、画画等，鼓励孩子发挥想象力和创造力。抓住这一教育契机，我们决定开启一段有趣的玩沙之旅……

（二）主题活动目标

小班主题活动"沙沙作乐"幼儿发展目标见下表：

小班主题活动"沙沙作乐"幼儿发展目标表

总目标	具体目标
自主创造 （重点发展）	1.能用简单的线条和色彩创作沙画、流沙许愿瓶。 2.喜欢观察大自然中美的事物，对大自然的事物充满好奇。 3.喜欢欣赏沙的绘画或沙的艺术形式的作品，并进行模仿创造。 4.在探索沙子大变身的过程中，能大胆地创造，并尝试表达自己的作品

续表

总目标	具体目标
自主生活	1.对群体活动感兴趣，愿意和小朋友一起玩沙，制作沙堡。 2.在装饰城堡的环节，能友好地提出请求，具备简单地与人交往的方法
自主学习	1.在成人的引导下，顺畅地表达自己玩沙的需要和想法。 2.在装饰城堡的过程中，愿意用图画和符号表达自己的愿望和想法。 3.愿意了解、探索周围世界，通过操作发现沙子的简单外部特征。 4.能在成人的支持下，尝试解决沙子塑形时遇到的问题

（三）主题活动资源

主题活动的顺利开展离不开幼儿周围环境中的人、事、物的支持，我们以幼儿为中心，以纲要为线索，积极整合并综合利用园内资源、园外资源以及信息网络资源（辅助资源），共同为幼儿的发展创造良好的条件。具体资源见下表：

主题活动开展所需资源表

类型	名称	内容
人力资源	园内资源	教师、保安
	园外资源	家长
物质资源	园内资源	沙池、堆沙工具、装饰材料
	园外资源	公园沙池、随处可见的沙
文化资源	园内资源	社会亲子实践、主题晨会
	园外资源	沙画、沙的艺术展
信息网络资源（辅助资源）	可使用的工具	公众号、园所网站
	可下载的资源	沙画视频、图片
	幼儿可使用的新技术	——

二、主题活动实施设计

（一）主题活动结构及发展线索

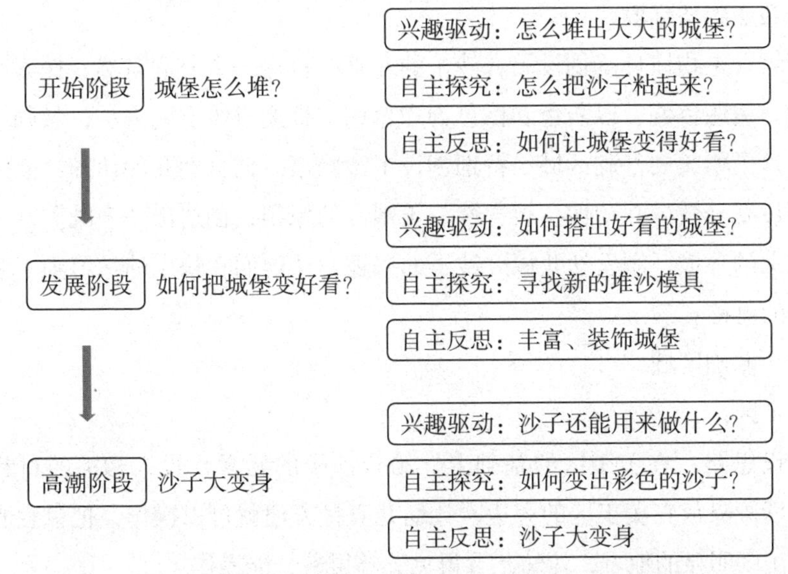

"沙沙作乐"主题活动结构及发展线索图

开始阶段："城堡怎么堆？"是第一阶段。教师关注到幼儿对"堆城堡"的兴趣极高，同时还发现幼儿只是在进行单一的重复堆叠。通过观察城堡的图片，幼儿了解城堡外形的基本特点，在实际搭建城堡的过程中幼儿发现沙子堆起来会塌下去。经过讨论、实验、操作，幼儿发现水能把沙子粘在一起，进而了解到干沙和湿沙的不同。由此，在活动中丰富孩子对沙子特点的认识，提高幼儿的观察力和动手操作能力。

发展阶段："如何把城堡变好看？"是第二阶段。幼儿感知了沙子的特点以后，结合前期对形状的了解和积木区的搭建经验，并通过讨论有效地进行了经验迁移。当在实践中发现问题时，教师会及时引导幼儿通过观察、比较、分析得出结果，并带领幼儿寻找有用的工具搭建城堡、对城堡进行装饰和丰富，体验成功的喜悦。

高潮阶段："沙子大变身"是第三阶段。在前期了解了沙子的特点以后，幼儿在和小朋友的分享中，敏锐地发现沙子原来也可以变成其他的颜色。于是我们带着好奇心，展开了关于沙子的一系列探索活动，如自主探索用色素制作五颜六色的沙、利用沙子制作沙锤和沙蛋、制作流沙许愿瓶等一系列关于沙子的变身活动。

（二）自主环境创设

1. 自主物质环境

班级自主物质环境创设结合沙子的元素，打造一个充满自然、探索与乐趣的空间。主题色调：以灰色和棕色为主色调。根据班级空间大小，教师合理规划了与沙子相关的基础区域，特别创设了沙画桌。结合幼儿的认知特点，秉持区域创设安全性、互动性、教育性、美观性的原则，创造出一个既美观又富有教育意义的环境，激发幼儿探究沙子的兴趣，让他们在快乐的学习中了解和探索沙子的奥秘。

（1）基础区域

美工区：

创设思路：在美工区的基础上，结合沙子的元素，投入相关的材料。例如，把沙画桌放在美工区的旁边，让幼儿直接方便就可以操作；把色素和沙子放在美工区明显的地方，让幼儿看得见、够得着、能操作。

材料投放：石英砂、色素、沙画桌、细沙、颜料。

美工区沙桌

音乐区：

创设思路：在班级的音乐区，利用沙子的特点自制矿泉水沙锤、沙蛋及歌单，投放在音乐区鼓励幼儿表演，丰富幼儿的游戏体验。

材料投放：瓶子、沙子、舞台、海浪鼓、沙蛋、有关沙子的歌单和乐谱、发饰、服装。

幼儿使用音乐区材料

语言区：

创设思路：在班级的语言区投放关于沙的绘本，丰富幼儿关于沙的知识经验。投放利用沙子进行表演的相关材料，将沙子视作幼儿表演的材料，给予幼儿体会沙子多样用途的机会。

材料投放：绘本《沙子蛋糕》《沙粒》《奇妙的沙子》《海滨城堡》；沙盘；手偶、故事表演展台；游戏故事墙。

（2）主题区域

生活区：

创设思路：在生活区投放了各种各样的沙子，同时投放了一些可爱的模具，吸引幼儿去操作，制作与沙子相关的作品，如沙子蛋糕、彩沙许愿瓶……

材料投放：

提供各种各样的沙子和不同模型工具、颜料、瓶子。

幼儿做的沙子蛋糕

2. 自主心理环境

（1）结合主题，设置“倾听角”，教师和幼儿可以在这个地方进行关于沙的游戏、故事的分享与温馨的交流。

（2）在家庭设置“玩沙桌”游戏时间，让孩子在家跟爸爸妈妈一起体验玩沙的快乐，营造家庭欢快的瞬间。

（3）选择周末出行，去寻找大自然，如去公园沙池跟孩子度过一个愉快的下午，增加亲子之间的互动。

（三）自主行为的激励

1. 教师激励要点

幼儿在探索沙子的过程中不仅会遇到不同的困境，也会呈现出多彩的作品，这时则需要教师对幼儿在探索过程中进行日常激励。教师在对幼儿的行为进行激励时，应尊重幼儿在“沙沙作乐”主题活动探索中的主体性，所给予的激励应当着眼于幼儿在探索中遇到的困境或当前幼儿表达的具体内容。在“沙沙作乐”主题活动中发生的激励情境、激励要点以及激励示范，见下表：

教师激励情境、激励要点及激励示范表

激励情境	激励要点	激励示范
当幼儿对沙子有很多好奇点时	不要忽略幼儿的想法，对他们愿意提出问题表示鼓励	你们有很多想法，这真是太好了，我们把这些想法记下来，然后一个个地尝试，好吗?
当幼儿装饰沙子城堡时	任务完成得很不错时及时给予正向的具体的评价，强化获得的经验	你们用自己收集的物品装饰了城堡，看起来比以前更漂亮了，给你们一个大大的赞，可以给其他小朋友分享你们的想法吗?
当幼儿在探究过程中遇到困难时	关注幼儿的情绪，支持幼儿自己解决。	你们遇到了什么困难，可以和老师说一说吗？说出来我们一起想办法解决，好吗?
在堆城堡的过程中去玩别的东西，注意力不专注时	给予幼儿具体的正向反馈	老师遇到了一个小问题，你可以帮我吗?
当幼儿在语言区不知道如何把自己的游戏故事画下来时	及时给予引导	你今天去做了什么呀？你和谁一起玩的？你的心情是怎样的？我们一起把它画下来吧

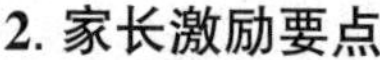

2. 家长激励要点

主题活动的开展是在多方参与、共同助力的环境下进行的。幼儿在与家长交流、共同完成亲子活动时，同样需要家长的激励。家长们在激励时切记打击幼儿对沙子的好奇心，更不能因为幼儿感兴趣的是常见的沙子而给予否定式评价。为此，在“沙沙作乐”主题活动开展中激励幼儿的探索行为时，家长们可以参考下表对幼儿进行激励。

家长激励情境、激励要点及激励示范表

激励情境	激励要点	激励示范
当幼儿对路边的沙或者沙漏里的沙感兴趣时	不要打击幼儿的好奇心，鼓励、帮助幼儿一起探索	你观察得真仔细，我们一起去探索一下这些沙的作用吧！
当妈妈一起和幼儿完成手工任务时，幼儿不愿意	鼓励、肯定幼儿，与幼儿共同游戏	宝贝，你在玩什么？我也好想参加，我们一起再试一试好吗？
在家里玩沙，幼儿不小心将沙子弄在了地上，手足无措时	家长应及时安抚幼儿情绪，并鼓励继续创作	没关系，我们一起把地板上的沙子收拾好，好吗？

三、主题活动实施过程

兴趣驱动一：城堡怎么堆？

秋风乍起，丹桂飘香，最近幼儿园里的沙池备受欢迎，许多小朋友都喜欢围在沙池里玩沙，一边玩一边讨论。“老师，我在沙子里藏了宝藏。”熙睿说。玥宁指着树上的沙堆说：“我堆了一个城堡。”“老师，我挖了好多洞洞。”楚祎小朋友兴奋地分享。

开始阶段：堆城堡初体验

自主探究：

1. 城堡怎么堆？

孩子们很喜欢堆城堡，有的孩子说用手堆一个尖尖的形状，有的孩子说可以用小铲子挖一个洞，有的孩子说用沙池的模具。到底怎么样才能堆一个城堡呢？我们进行了一次讨论。

宸语：把沙子装到桶里去，再盖起来就能做出圆柱体了。

高棱：玩沙区有桶。

梓晴：趣涂涂也有桶。

星星：我想用小铲子和桶堆一个非常漂亮的城堡，里面住着公主。

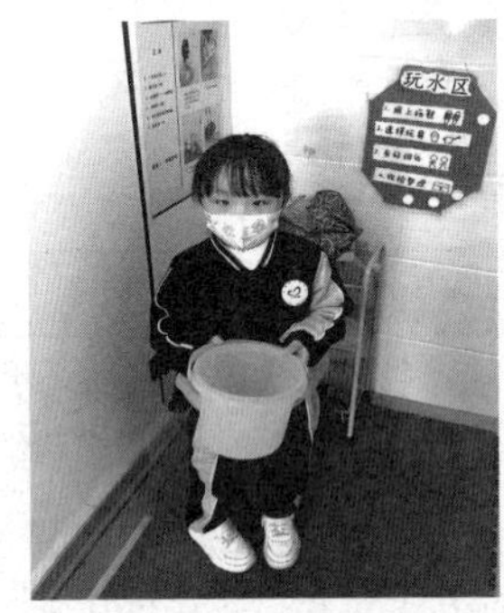

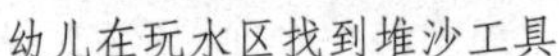
幼儿在玩水区找到堆沙工具

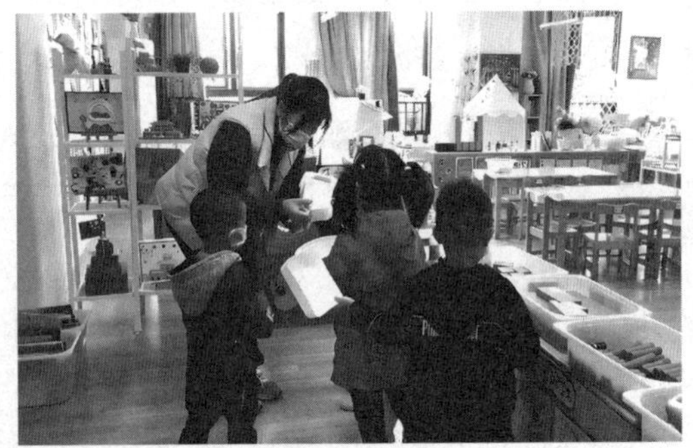
幼儿去其他班级寻找堆沙工具

于是，孩子就在教室里、操场上寻找不同的堆沙工具，如玩水区的小桶、拼插区的玩具、美工区的盒子等，并进行了第一次堆城堡体验。他们当中有的一起合作挖了一个大洞，有的用动物的模具来装沙，热火朝天地堆着……

这时，睿睿对我说：“老师，我的城堡坏了，它一直掉下去。”另外一个小朋友也跟着一起说：“我的城堡也没成功。”

幼儿在挖城堡洞

幼儿在用桶堆沙子城堡

2. 怎么把沙子粘起来？

就这样，孩子们带着“沙子为什么会掉下来”这个问题展开了一次讨论。

熙辰：为什么沙子堆会塌下去呢？

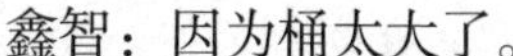

鑫智：因为桶太大了。

温曦：沙子太少了。

正希：不对不对，因为沙子要湿湿的。

承理：沙子要有水才会粘在一起。

于是，为了验证孩子们的猜想，教师为她们提供了湿沙和干沙。这样，小朋友们便在摸一摸、看一看、捏一捏等多样化的方式中感受二者之间的区别，以此验证自己的猜测。

幼儿在感受干沙的特点

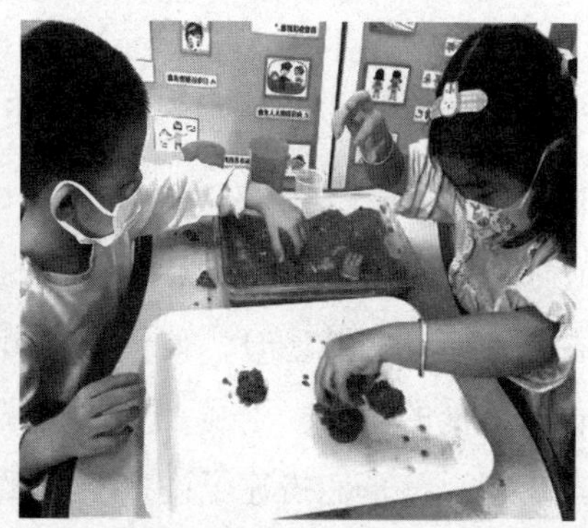

幼儿在用湿沙尝试塑形

自主反思：当发现沙子粘不起来时，睿睿等小朋友主动说出了自己的困惑："为什么沙子堆会塌下去呢？"小朋友们纷纷说出自己的猜想："因为沙子太多了""沙子太少了""不对不对，因为沙子要湿湿的"……为了验证小朋友们的猜想，教师为小朋友们提供了干沙与湿沙。最后，小朋友们在积极参与、亲身体验中，发现加了水的沙子比干沙更容易塑形，而且不容易倒塌，了解了沙子具有流动性的特点。

兴趣驱动二：如何把城堡变好看？

在了解了湿沙更容易塑性后，孩子们纷纷堆砌起了自己的城堡。这时，新的问题产生了，小朋友们发现自己的城堡只有圆形一种形状，于是跑去向老师求助。

温曦：老师，我想搭更好看的城堡，大大的，还有屋顶。

星星：怎么我的城堡都是圆的，我喜欢正方形的。

圆形沙子城堡

发展阶段：花样城堡

自主探究：

1. 如何搭出好看的城堡呢?

在搭建好看的城堡时，孩子们提出城堡应该是有不同形状的，有高高的城堡，也有低低的城堡。于是，老师建议孩子们可以先用积木将自己脑海中的城堡搭建出来。孩子们搭建了许多小城堡，熙辰搭建了正方形和圆柱体组成的小城堡，沐昀搭建了长方形的双层城堡，星星和天天则一起合作搭了一个有小动物的公主城堡。孩子们对自己的搭建作品非常满意，准备去户外进行创作。然而，在搭建的过程中，孩子们发现没有长方形、三角形的模具，城堡就没办法变得高高的，也就没有三角形的屋顶了。

积木区搭的城堡

不同形状的城堡

2. 寻找新的堆沙模具

除了玩沙的模具，还有什么工具可以用来堆沙呢？孩子们开启了一场头脑风暴，纷纷说起自己看到过的可以当模具的物品。

沐昀：我看见在操场的架子上有正方形的积木。

玥宁：我们可以去小二班借。

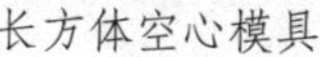

长方体空心模具　　三角体空心模具

于是老师鼓励孩子们去幼儿园的各个地方寻找他们想要的模具。很快，孩子们找到了空心积木、三角形玩具等，并进行了堆沙塑形的实验。最后，孩子们发现积木区的空心积木、塑料空心积木以及班级的空心三角形材料是可以做模具的，而轮胎、贝壳、实心积木则不行。

幼儿在用长方体堆出城堡形状　　幼儿在用圆形材料堆出城堡形状

3. 丰富、装饰城堡

在第三阶段搭建沙堡的时候，沐辰在沙池旁边的篮子里发现了很多小草，便自言自语地说：“我可以把这个小草放到我的城堡里去，让城堡变得更漂亮。”其他幼儿也开始模仿了起来，他们不仅把小草放在城堡旁边，而且自发地从美工区找来了石头当作城堡的小路、把贝壳当作小动物的家、用积木和拼插玩具当作围栏把城堡围起来，城堡与城堡之间还用沙子堆了一些小路。待完成城堡的装饰后，小朋友们开心地庆祝了起来。

孩子们在装饰城堡

城堡装饰好啦

自主反思：在分享中，孩子们敏锐地发现自己制作的城堡只有一种形状，而实际上的城堡可以有很多种形状。为了达到塑形的效果，孩子们成了小小探索家，走到幼儿园的各个角落去搜寻可以塑形的工具。最后，孩子们发现空心积木才可以用来塑形，而实心积木则不可以。孩子们非常有创造力，他们在堆城堡的时候发现周围的小草，美工区的石头，积木区的积木……都可以用来装饰自己的城堡。就这样，在不断地探索与解决问题中，孩子们搭建出了自己满意的城堡。

兴趣驱动三：沙子还可以怎么玩？

这天，美工区新投放的五颜六色的沙子引起了孩子们的注意。那些五彩的沙子仿佛有一股魔力，深深地吸引着孩子们。于是，抵挡不住自己好奇心的孩子们开始跑到老师身边询问了……

梓晴：为什么这些沙子是彩色的？

姿乔：它是怎么制作出来的呢？

靖云：我觉得它们好漂亮啊！

接着，在幼儿与百变的沙子进行了一次又一次的互动中，“如何让简单的沙子成为千变万化的材料”成了孩子们新的想要探究的问题。

高潮阶段：沙子大变身

自主探究：

1. 彩色的沙子

基于孩子们的发现，老师为孩子们提供了不同材料供他们探索，如不同粗细的石英砂、色素、黏土、画笔、颜料等。孩子们用这些材料开启了新的探索：靖云和梓晴把彩色橡皮泥加入沙子里，发现黏土裹了一层厚厚的沙子，沙子的颜色并没有改变；瑞瑞提议把颜料倒进沙子里搅拌均匀，发现沙子有的染上了颜色，变成了一个个的小团团；栩晴用马克笔来给沙子上色，发现只有少部分的沙子染上颜色；永祥用色素成功地给沙子染上了颜色。

孩子们正在用黏土进行实验

孩子们正在用颜料进行实验

孩子们正在用色素进行实验

孩子们正在用马克笔进行实验

自主反思：在探索彩色的沙子中，孩子们发现利用马克笔、颜料、黏土来给沙子上色都是行不通的，但是怎么样才能把沙子变成彩色的呢？孩子们在与老师一同查阅资料的过程中，发现人们经常会用染色剂、色素、油漆染出想要的颜色。为了检验这个方法是否可行，孩子们决定使用染色剂来进行实验。最后，孩子们成功地完成了彩沙的制作。

2. 会唱歌的沙子

沙子除了可以变成彩色的沙子，还可以做什么？教师抛出问题，让幼儿讨论、思考。

亦舒说：“我知道，沙子可以发出音乐，就像音乐区的沙锤。”

熹辰说：“哇，那我们可以把沙子做成乐器呀。”

于是，遵循着孩子们的想法，我们一起制作了沙锤。我们先是收集矿泉水瓶，将少许沙子放入瓶子里；接着在瓶子画上自己喜欢的装饰；制作完成后再将沙锤投放到音乐区中。就这样，孩子们开始拿着沙子做的沙锤在音乐区表演了自己喜欢的儿歌，玩得不亦乐乎。

3. 沙子变变变

为了丰富孩子们的玩沙经验和激发孩子们的创造能力，教师引导幼儿用彩沙制作了流沙许愿瓶和沙画。小小的许愿瓶里寄托着孩子们的美好愿望，而孩子们的作品也用于布置教室环境，提高孩子们的归属感。制作流沙瓶和沙画的流程如下：①准备一个瓶子，将沙子与色素混合；②将混合好的彩沙装到瓶子里；③把自己的愿望画下来放到瓶子里。沙画：①将沙子与色素混合；②使用混合好的彩沙涂抹画板；③幼儿发挥其想象力，创造沙的装饰画。

孩子们在做流沙许愿瓶

孩子们在做石英砂画

四、主题活动实施反思

（一）对主题活动开展过程和效果的反思

沙子探索之旅缘于孩子们玩沙的乐趣，从城堡怎么堆到花样城堡再到沙子大变身的活动开展，都围绕着孩子们一个又一个的问题进行着，孩子们的兴趣也在这个过程中逐步深化。可见，在主题的选择上，“沙沙作乐”这一主题活动是符合孩子们的兴趣并且能够伴随其兴趣逐步深入的。然而，在资源的挖掘与使用上，本次主题活动的开展仍旧存在不足，如"沙沙作乐"主题活动主要局限于园内的活动，没有充分利用所挖掘的园外资源，如公园沙池。由此，孩子们的活动空间便局限于园内，从而缺乏与园外环境互动的机会。

（二）对幼儿自主发展的反思

在"沙沙作乐"这一主题活动中，我们观察到幼儿在某些方面取得了显著的自主发展。在自主的态度方面，幼儿全程带着"我想做""我来试试""让我来"的积极态度，干劲满满地进行探究活动；在自主的认知方面，幼儿通过动手、思考、讨论交流，从城堡的搭建到了解沙子的特点，接着堆出各种形状的城堡，在想象力与创造方面有了一定的提高；在自主行为方面，在动手搭建城堡的过程中，幼儿展现出了较高的动手能力和交流能力，他们分工合作，共同完成任务。最后，在沙子大变身的环节中，幼儿充分参与到其中，激发幼儿的动手能力和创造力。

（三）对教师教育行为的反思

在主题活动开展的过程中，教师细心地留意着孩子们的专注和宁静，观察孩子们表现出的快乐与满足。当孩子们在游戏中兴奋地分享他们的城堡是用什么工具搭出来时，教师也会毫不犹豫地夸赞他们。当孩子们在制作花样城堡提出了主题预设之外的内容（寻找不同的工具进行其他形状的城堡搭建）时，教师及时"看见幼儿"，并且为满足幼儿内在驱动的探究行为，支持幼儿寻找工具，带领孩子们去发现生活中的不同形状的物体，同时在言语上给予鼓励。但是，在活动组织的过程中，还存在一些不足之处。比如，在活动设计上可以更加注重幼儿个体差异。有的小朋友的动手能力还需要加强，所以要提供更多的机会给这类幼儿。在教学方法上可以更加多样化，以适应不同幼儿的学习需求和节奏。例如，我们的城堡太小了，这么多人都要住进去怎么办呢？在内容设计上可以更加多元化，如增加互动性强的游戏环节（一起来沙池寻宝），鼓励幼儿之间的合作与交流。

五、整理课程资源

"沙沙作乐"课程资源表

适用年龄阶段	3~4岁幼儿（小班）
幼儿获得的发展	通过与沙子的互动游戏，幼儿能够锻炼感官探索能力、提高创造力和想象力、发展精细动作技能、学习科学知识并提升社交能力
资源的开发与利用	利用日常生活中常见的沙子作为教学材料，结合各种玩沙工具（如小铲子、小水桶等），创设丰富的沙池游戏环境，让幼儿在自主游戏中学习和成长
主题生成点	建造花样沙堡
推荐书目	《沙子的故事》《我和沙子做朋友》《沙子蛋糕》《我和沙子做朋友》《幼儿园生活化课程》《3—6岁儿童学习与发展指南》
特别建议	教师应密切关注幼儿在玩沙过程中的行为和表现，及时提供引导和支持，同时确保活动的安全，避免幼儿误吞沙子或受到伤害

小班：我爱我的幼儿园

廖静莎　杨方齐

一、主题活动说明

（一）主题活动缘起

遇见，是一场欢喜，正如微风遇见花朵，便是花香溢满园。9月初，幼儿园里迎来了一群可爱的小萌娃，他们背着小小的书包，带着满心的好奇，第一次离开家庭，走进幼儿园这个陌生的大环境。对于他们来说这是一件具有挑战性但却幸福的事情。第一次独自面对未知的世界，他们难免会感到惶恐，会感到惊慌，"这是哪里呀？""我想妈妈，呜呜……"会伤心，会流泪，但是在号啕大哭的同时，他们圆溜溜的大眼睛正在好奇地打量着这个陌生且新奇的世界。在这个小小的社会里，无论他们做出什么反应，那都是正常的。他们正在用自己独特的方式一点点地与这个陌生的环境进行互动。"幼儿园好像也挺好玩的。"每天面对不同的难题都会有不同的情绪，"今天我是开心的还是难过的呢？"每一个情绪的背后，都藏着许许多多的故事。《3—6岁儿童学习与发展指南》中指出：幼儿情绪的发展对于幼儿的心理健康至关重要。不良的情绪状态有可能使人失去心理平衡，影响一个人的心理健康。"我爱我的幼儿园"主题活动通过探索，让幼儿渐渐熟悉幼儿园集体生活，减少不安全感，赶走心里的小情绪；让每一位幼儿都参与到活动中来，建立同伴友谊；让每一位小朋友都爱上幼儿园，从而成为"心阳光、知善察、行自主"的善美儿童。如何陪伴幼儿顺利地度过焦虑期，如何缓解幼儿的情绪？小小的他们来到幼儿园之后，又会发生什么新鲜的事情呢？一场幼儿园之旅就这样开始了。

（二）主题活动目标

在开展"我爱我的幼儿园"主题活动的过程中，让幼儿认识幼儿园，了解幼儿园的人、事、物，建立对幼儿园的归属感，喜欢上幼儿园，喜欢与同伴一起游戏，感受参加集体活动的乐趣。让幼儿熟悉幼儿园的生活场所及日常活动，在活动中，初步建立在幼儿园的生活常规和游戏规则。鼓励幼儿尝试用语言和非语言的方式，向成人表达自己的需求。减少对幼儿园的陌生感，在轻松的生活环境里培养幼儿愉快的情绪，逐渐摆脱幼儿的焦虑情绪，激发幼儿喜欢上幼儿园的情感。"我爱我的幼儿园"主题活动小班幼儿发展目标见下表。

"我爱我的幼儿园"主题活动小班幼儿发展目标表

总目标	具体目标
自主生活（重点发展）	1.能高高兴兴地上幼儿园，在园情绪稳定愉快，当有较强情绪反应时，能在成人的安抚下逐渐平静下来，喜欢参与幼儿园的活动，逐渐习惯和适应集体生活。 2.会大声地问好、打招呼，能听懂老师的要求并做出回应，能大胆表达自己的需求和情绪。 3.对群体活动有兴趣，愿意和小朋友一起游戏，能友好地提出请求，能遵守游戏和公共场所的规则。 4.熟悉自己的班级和老师，认识小伙伴，熟悉幼儿园环境，能够自己的事情自己做，有初步的生活自理能力
自主学习	1.在成人的引导下，愿意表达自己的需要和想法。 2.愿意亲近大自然，对幼儿园的事物及现象产生好奇并用自己的语言进行提问。 3.能够带着好奇寻找幼儿园及班级中的物品并进行摆弄
自主创造	1.喜欢观察大自然中美的事物，容易被大自然的事物所吸引。 2.能主动地选择不同的表征方式创作并乐在其中。 3.能用简单的线条和色彩画幼儿园的人、事、物

（三）主题活动资源

主题活动的顺利开展离不开周围环境的支持，我们秉持着以幼儿为中心的原则，积极挖掘并整合园内、园外资源，共同为幼儿的发展创造良好的条件。具体资源见下表：

"我爱我的幼儿园"主题活动开展所需的资源表

类型	名称	内容
人力资源	园内资源	教师、幼儿
	园外资源	父母、爷爷奶奶等
物质资源	园内资源	木片、木棍、菊花、贝壳、松果、图书、装饰材料
	园外资源	公园、大海
文化资源	园内资源	主题结题会
	园外资源	沙画艺术展
信息网络资源（辅助资源）	可使用的工具	表格工具、微信平台
	可下载的资源	城堡、沙画图片及音视频
	幼儿可使用的新技术	录音笔、语音机器人

二、主题活动实施设计

（一）主题活动结构及发展线索

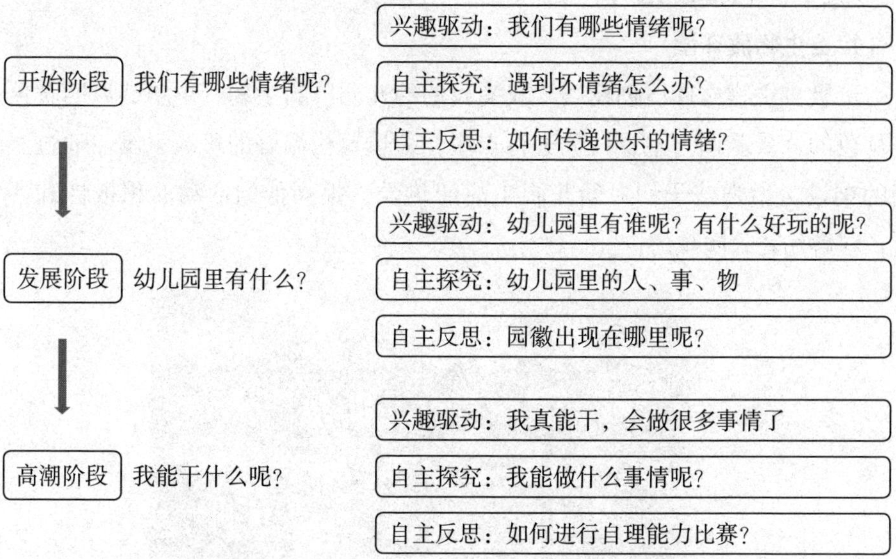

开始阶段　我们有哪些情绪呢？
- 兴趣驱动：我们有哪些情绪呢？
- 自主探究：遇到坏情绪怎么办？
- 自主反思：如何传递快乐的情绪？

发展阶段　幼儿园里有什么？
- 兴趣驱动：幼儿园里有谁呢？有什么好玩的呢？
- 自主探究：幼儿园里的人、事、物
- 自主反思：园徽出现在哪里呢？

高潮阶段　我能干什么呢？
- 兴趣驱动：我真能干，会做很多事情了
- 自主探究：我能做什么事情呢？
- 自主反思：如何进行自理能力比赛？

"我爱我的幼儿园"主题活动结构及发展线索图

开始阶段："认识情绪，缓解情绪"为第一阶段，通过感知自己的情绪，

幼儿获得缓解自己情绪的办法，学会保持心情愉悦。在活动中，幼儿了解了各种情绪，如生气、开心、害羞、害怕、难过等，我们发现幼儿对情绪有了一定的辨识能力，他们的辨识能力和他们的经历息息相关。除了高兴、开心这些积极情绪之外，也有一部分孩子喜欢生气和难过。同时，幼儿也了解到不管哪一种情绪都有存在的价值和必要。

发展阶段：“幼儿园的人、事、物”为第二阶段。幼儿园是孩子们每天生活的地方，小班幼儿对身边的人、事、物都有着浓厚的兴趣。教师根据幼儿的疑问开展了关于“幼儿园里的人、事、物”的一系列探究。在探究过程中，幼儿渐渐学会关心身边的人，不仅开始留意幼儿园不同教职工的工作内容，而且还时不时地会和认识的老师打招呼，毫不胆怯。

高潮阶段：“能干的我”为第三阶段。随着幼儿自我意识和社会认知能力的不断发展， 常常能听到他们稚嫩而果敢、自信而坚定的声音：“老师，我会做 ……” “让我来 ……” “我帮你 ……” 他们在与同伴和成人的交往中，学会正确看待自己和他人，逐步适应社会，通过展现自我、为自己服务逐渐发展到服务他人。

（二）自主环境创设

1. 自主物质环境

班级自主物质环境创设以“我爱我的幼儿园”为主题，主题墙以明黄色、浅灰色的背景基调为主，白色进行点缀，营造宽松温馨的班级氛围。通过主题墙的创设，增强孩子们对幼儿园生活的热爱，提高他们活动的积极性和参与度，缓解幼儿入园焦虑。

主题墙展示

（1）基础区域

语言区：

创设思路：创设情绪小馆，用于教师和幼儿之间的倾诉和一对一的交流，幼儿可以在私密角通过独处、看书、抱一抱，从而缓解自己的情绪。

材料投放：帐篷、玩偶、书籍等。

语言区环境

操作区：

创设思路：我们在操作区投放了关于情绪的材料，让幼儿在操作的时候感受情绪的变化。

投放材料：情绪积木、表情变变变、情绪小怪兽。

美工区：

创设思路：在美工区我们投放了开放性的材料，提高幼儿的动手操作能力，激发幼儿的创作兴趣。

投放材料：超轻黏土、扭扭棒、卡纸、木块、吸管、贝壳等。

（2）主题区域

诱导桌：

创设思路：我们在班级门口设置了主题诱导桌，且设置了与主题相关的互动区角，投放了情绪小怪兽玩偶、捏捏乐、三面镜、自然材料等。让幼儿通过实际感知，亲身体验，捏一捏、抱一抱、拼一拼、看一看、画一画，来感受情绪，缓解情绪，并喜欢来上幼儿园。

材料投放：彩色笔、便利贴、自然材料、情绪小怪兽玩偶、捏捏乐、三面镜、绘本。

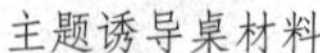
主题诱导桌材料

主题诱导角环境

（3）家园互动区

创设思路：在门口创设心情签到桌，幼儿可以根据自己来园时的心情，投放代表不同颜色的绒球，教师可以第一时间了解幼儿情绪并与家长及时沟通。

投放内容：大号绒球、幼儿照片、透明亚克力盒子、多格木盒子。

情绪签到桌

2. 自主心理环境

（1）情绪管理站

引导幼儿记录自己的心情日记。教师通过幼儿绘画倾诉、一对一倾听的方式，及时关注幼儿的情绪，帮助孩子们准确表达情绪。在这里，同伴之间也可以相互表达并记录情绪，加深幼儿对情绪的感受。

（2）问候区

在入园适应期，教师的一个微笑、一个亲吻、一个拥抱、一句温柔的话语，都会使幼儿的情绪安定下来。在这里，我们会蹲下来与孩子拥抱问候，会摸摸他们的头，让幼儿感受到教师关心他、喜欢他，从而产生安全感和信任感。

（3）温馨一刻

入园前家长提前和孩子一起憧憬幼儿园，每天晚上陪孩子睡觉的时候讲幼儿园的故事，从幼儿园整体的外观来给孩子讲，让其对幼儿园产生好的期待感。积极引导，降低孩子对教师的排斥心理。

（三）自主行为的激励

1. 教师激励要点

刚入园的小朋友对幼儿园的环境充满着好奇与不安，在“我爱我的幼儿园”主题活动开展中，教师的评价主要以给予幼儿更多的安全感，引导幼儿逐步适应环境为主。在本次主题活动的评价中，教师评价要点主要围绕具体的情景。教师激励情境、激励要点及激励示范，见下表：

教师激励情境、激励要点及激励示范表

激励情境	激励要点	激励示范
幼儿会根据自己当时的心情进行签到	帮助孩子认识自己的情绪，学会缓解情绪的办法并学会接纳情绪从而爱上幼儿园	宝贝你今天来园选择了蓝色的绒球是有什么不开心的事情吗？你愿意分享给我听吗？
昕昕不小心摔倒了，小满看到了，赶紧跑过去把昕昕扶起来，昕昕一边走一边跟小满说自己是怎么受伤的	孩子发现自己和他人的情绪变化，尝试向熟悉的人表达自己的情绪	小满和昕昕你们两个真棒，昕昕很勇敢愿意大胆表达，小满也很乐于助人，为你们点赞
琛琛和芊芊因为争看同一本书而争吵起来，突然芊芊自己跑到了私密角，不一会，就跑了出来，跟琛琛说我们一起看吧	幼儿学会缓解情绪的办法并学会接纳情绪	芊芊你真棒，你已经学会缓解情绪了，也会跟小朋友一起分享啦！相信你会交到更多的好朋友哦！

续 表

激励情境	激励要点	激励示范
哼哼来园时哭闹不止，不肯与妈妈分开，同时挣脱老师的怀抱并往教室外跑去	允许幼儿有自己的小情绪，引导幼儿平复心情并正确地表达自己的情绪，发泄自己的情绪	哼哼，我知道你很难过，我知道你想妈妈了，我们先慢慢地平复心情，你哭的时候老师听不清楚你好听的声音哦。现在用小镜子看看你的表情吧
紫涵帮助其他不会解扣子的小朋友解扣子、脱衣服	幼儿建立了我帮你的意识，引导幼儿乐于动手，学会做力所能及的事情，并愿意帮助他人	表扬紫涵小朋友乐于助人的行为，我看到她在帮助其他小朋友解扣子，其他小朋友也可以相互帮助哦

2. 家长激励要点

“我爱我的幼儿园”是为孩子入园和适应幼儿园开展的主题活动。孩子第一次长时间离开家，可能会出现一些情绪问题。当然，孩子在活动开展的过程中也会慢慢适应幼儿园，开始爱上幼儿园。作为家长应当如何迎接孩子的情绪以及回家后的表现呢？具体可参考下表：

家长激励情境、激励要点及激励示范表

激励情境	激励要点	激励示范
往常都会哭闹的嘉桐今天高高兴兴地来到了幼儿园	幼儿从第一次来园哭闹到现在入园情绪状态逐渐稳定，并开心来到幼儿园	桐桐你今天真棒，来园都不哭啦！明天也要高高兴兴地来幼儿园哦！
放学后，紫涵高兴地与妈妈分享着自己在幼儿园发生的事情	幼儿是否了解幼儿园的人、事、物并喜欢上幼儿园	紫涵看来你在幼儿园玩得很开心呦，认识了这么多的好朋友
在换衣服时，卓卓自己解扣子，自己换衣服	幼儿自理能力是否有所提升，如穿脱衣服、吃饭等	卓卓，你真棒，你都学会自己更换衣服，自己解扣子啦，看来你已经长大啦！

三、主题活动实施过程

兴趣驱动一：

哼哼小朋友来园后，很不适应幼儿园生活，天天都想着妈妈，哭得很伤心。一天琛琛歪着头问哼哼：“你为什么会哭？”哼哼微微一愣，说：“因为我想妈妈了，怎么办，呜呜……"小班幼儿初入幼儿园，他们的情绪正处于分离焦虑的状态，虽然每个小朋友表现得各不相同，但大部分小朋友会有哇哇大哭的表现。对孩子们来说，开心、害怕、生气、平静是最常见的四种情绪，那么人类还有哪些情绪呢？带着这些问题，小朋友们开始了"情绪"的探索之旅。

开始阶段：认识情绪　缓解情绪

自主探究：

1. 我们有哪些情绪呢？

关于情绪，我们并不陌生。每个人都体验过开心、难过、害怕、生气，这些都是内心的感受。在交流过程中，感受到孩子们对情绪是有一定了解的，并且很有自己的想法和兴趣。我们也通过亲子活动"我的情绪日记"，让孩子更加直观地感受到情绪的变化。

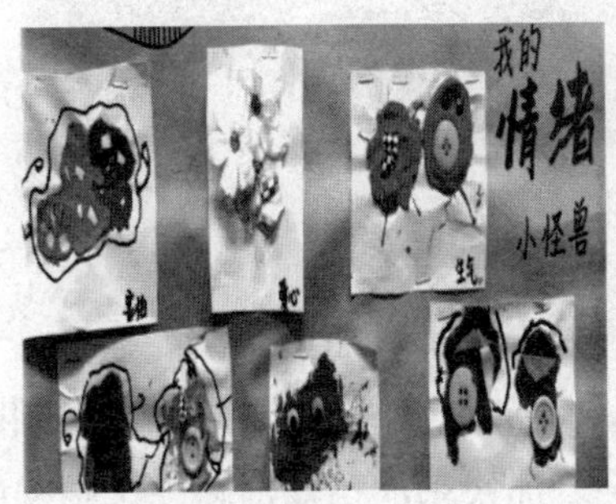

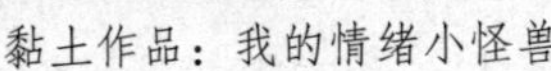
黏土作品：我的情绪小怪兽

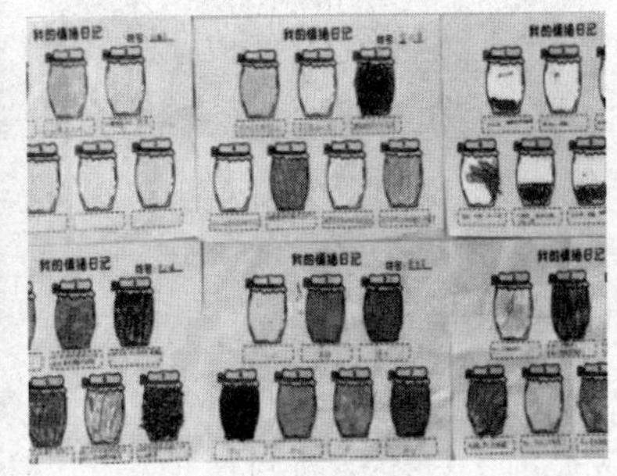
我的情绪日记

2. 遇到坏情绪怎么办？

在了解了基本的情绪后，孩子们知道了情绪是表现心理状态的一种方式。我们要正确接纳情绪，但是如果遇到坏情绪该怎么办？

以宁说："伤心了我想抱一抱玩偶。"

芊芊说："生气了我想打人。"

梓铭说："不对不对，老师说打人是不对的，我生气了就想捏一捏东西。"

依依说："难过了我想自己待一会。"

思潼说："我难过了就想让别人抱一抱。

……

孩子们激烈地讨论着，教师在一旁记录孩子们的想法，最后据此设立了诱导桌和情绪私密角、心情签到台等，以便能及时关注到幼儿情绪。幼儿可以通过实际感知，亲身体验捏一捏、抱一抱、拼一拼、看一看、画一画等方式，来感受情绪、缓解情绪，并喜欢来上幼儿园。

自主反思：孩子们对如何缓解自己的坏情绪有着自己的想法，并且能够想出许多的点子，如"抱一抱玩偶""自己待一会儿""抱一抱别人"等等。同时，在激烈讨论的过程中，孩子们也能自主判断"生气了想打人"并不是很好的缓解情绪的方式。就这样，教师也跟随着孩子们提出的点子设立了情绪私密角、情绪诱导桌等小区域。

我今天的心情

幼儿在诱导桌上操作材料

3. 传递快乐的情绪

关于如何缓解坏情绪，孩子们还回家跟爸爸妈妈讨论了，等再次到园，孩子们再次提出了许多缓解自己情绪的办法。那快乐的情绪应该怎么传递呢？为此，教师给予支持并鼓励孩子们将快乐传递下去。就这样，孩子们关于快乐邮递员送快乐的游戏自然而然地开始了。

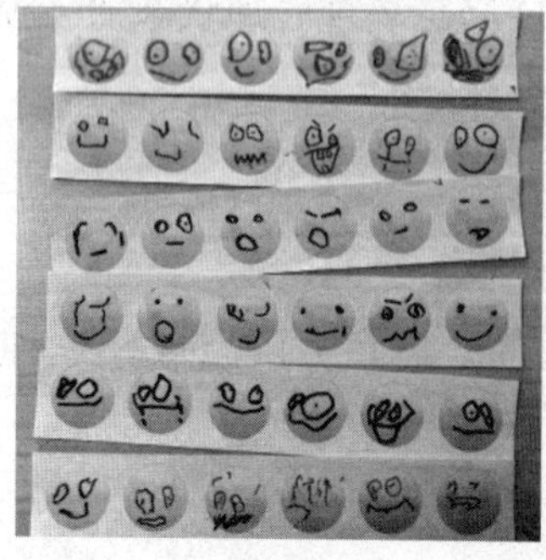

快乐情绪贴纸

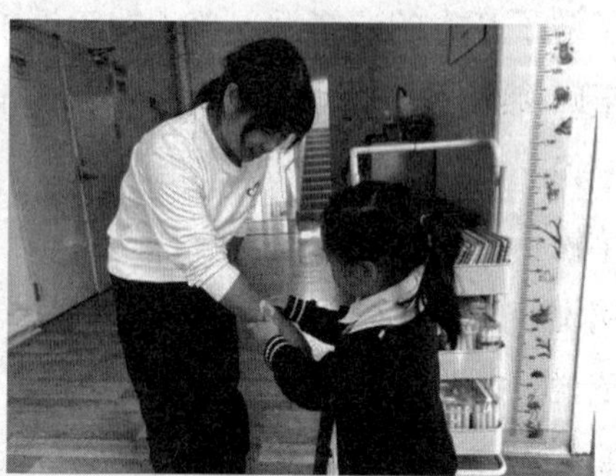

传递快乐贴纸

兴趣驱动二：

幼儿发现幼儿园里除了本班级的三位老师还有其他人！"幼儿园里除了爱我们的班级老师，还有谁呀？"对于其他岗位上的人员孩子们也产生了浓厚的兴趣，为了满足幼儿的兴趣和需求，我们对幼儿园里的人、事、物展开了一系列活动。"我看到了滑梯，除了好玩的滑梯，还有什么好玩的呀？""我看到我的园服上有圆圆的标志，这又是什么呀？"带着疑问，我们开启了第二阶段的探索。

发展阶段：认识幼儿园的人、事、物

自主探究：

1. 认识幼儿园的人

在晨谈的时候，孩子们就"幼儿园里都有谁"开始了五花八门的讨论。

小满说："幼儿园里有园长妈妈，有保安叔叔。"

昕昕说："园长妈妈是干什么的呢？"

弟弟说："我知道园长妈妈很漂亮，所以她是园长妈妈。"

希西说："不对，园长妈妈是保护我们安全的。"

嘉桐说："保安叔叔才是保护我们安全的。"

根据孩子讨论的内容，老师建议孩子们可以去问一问身边的人。在问一问的过程中，孩子们了解到：保安叔叔是保护我们安全的；园长妈妈是管理整个幼儿园的，整个幼儿园她都要管，好辛苦呀！同时，在问一问的过程中，孩子们还认识了更多幼儿园里的人，如：教体育的小海老师，教美术的小谷老师，教英语的小涵老师……

2. 我最喜欢做的事情

（1）室内你喜欢什么区域？

随着时间的推移，孩子们对幼儿园越来越熟悉了。为此，新一轮的讨论再次开启。

霓宝说："幼儿园里有好多区域啊，我最喜欢的就是娃娃家，我可以和乐乐在里面扮演爸爸妈妈。"

芊芊说："我最喜欢教室内的语言区，在那里老师会给我们讲好听的故事。"

弟弟说：“我最喜欢的是积木区，我可以和小满还有刘梓茗一起搭建城堡。”

小朋友们都争先恐后地想要说自己和好朋友最喜欢去室内的哪个区域？教师见孩子们久久得不出结论，便提议利用按手指印的投票方式选出幼儿最喜欢的区域。

投票选择喜欢的区域

（2）户外你喜欢哪个区域

在选出室内区域最喜欢的是积木区后，孩子们又开启了新的讨论。

琛琛说：“幼儿园里还有超级多好玩的区域，有滑梯区、木工区等好多好多区域呢。”

霓宝说：“我最喜欢大型玩具区了，那里有旋转滑梯和彩虹桥。”

根据幼儿的讨论，教师和孩子们开启了逛一逛的活动，希望孩子们可以在幼儿园行走的过程中了解幼儿园都有什么区域，随后进行投票。最后，孩子们投票选出了最喜欢的户外区域是大型玩具区，同时他们也在逛一逛中了解了幼儿园究竟都有什么。

投票选择喜欢的户外

3. 寻找园徽之旅

在了解幼儿园都有什么的过程中，孩子们闪亮的眼睛发现了幼儿园里到处都有园徽，墙上、舞台、门口、帽子、书包、被子上……好多地方都有园徽，于是他们开启了寻找园徽之旅。

嘟嘟说：“睡觉的时候我发现我的枕头上还有被子上都有园徽。”

可儿说：“还有舞台上也有呢，每周晨会的时候我都能看到。”

小满说：“我发现我的书包上也有，每天我都背着它来幼儿园。”

琛琛说：“我们每周穿的礼服上也有园徽呢，还有我们的帽子上也有呢。”

师：“那你们看到的园徽是什么样子的呢？”

梓铭：“我觉得它像一只蝴蝶，飞来飞去的。”

小宝：“它长得像个爱心，下面还有一个小勾勾。”

元宝：“它有黄色还有棕色，外面还有一个圆圈圈。”

我在帽子上找到了园徽

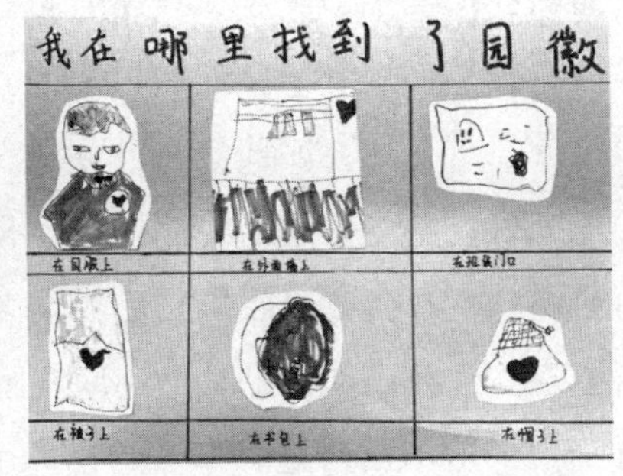

我都在哪里找到了园徽

自主反思：孩子们具有一双善于观察的慧眼，成人选择视而不见的园徽居然也能被他们发现，并且知道幼儿园的园徽分布在很多地方，如枕头上、舞台上、书包上、礼服上……而且，小小的园徽在孩子们的眼中也各有特色，“我觉得它像一只蝴蝶，飞来飞去的”“它长得像个爱心，下面还有一个小勾勾”……

兴趣驱动三：

随着幼儿对幼儿园越来越熟悉，他们的自我意识和社会认知能力不断发展。教师常常能听到他们稚嫩而果敢、自信而坚定的声音：“老师我可以做很多东西，让我来吧”“我马上就是中班的大哥哥大姐姐了，让我来帮你吧”，他们小小的身体里面充满着大大的能量。

高潮阶段：能干的我

自主探究：

1. 我会做很多事

在幼儿了解并喜欢上幼儿园后，他们开始慢慢探索：“我能做什么事情呢？”

这天早上小满把自己的牛奶碰洒了，然后就哇地大哭起来。这时卓卓说：“小满你在哭什么啊？”小满难过地说：“我的牛奶洒了，呜呜呜……”卓卓安慰道：“没有关系啊，去拿抹布擦一下，重新倒就好了呀！”小满边哭还边说：“可是我不会呀，我能做吗？”听到这话，卓卓边拿毛巾擦边跟小满说着擦拭的方法。当都擦干并倒好牛奶后，小满说：“卓卓你好厉害呀，这些我也能做吗？”卓卓点点头回答道：“你也能做呀！”对此小满产生了疑惑：我可以自己做吗？那除了擦桌子，我还能做什么呢？

就此，孩子们展开了激烈的讨论：

大宝说：“在幼儿园我会自己穿脱衣服，还会自己穿袜子和鞋子。”

小汤圆说：“中午起床我还能自己叠被子呢。”

科科说：“我会自己收拾餐后的桌面，不需要老师的帮忙了。”

紫涵说：“我还能帮助其他小朋友解扣子呢！”

看到孩子迫不及待地分享着自己能干的事，老师欣慰极了。为了进一步提高幼儿的生活自理能力，增强幼儿的自我管理和服务意识，基于幼儿的已有经验，我们开展了自理能力的比赛。

独立用餐

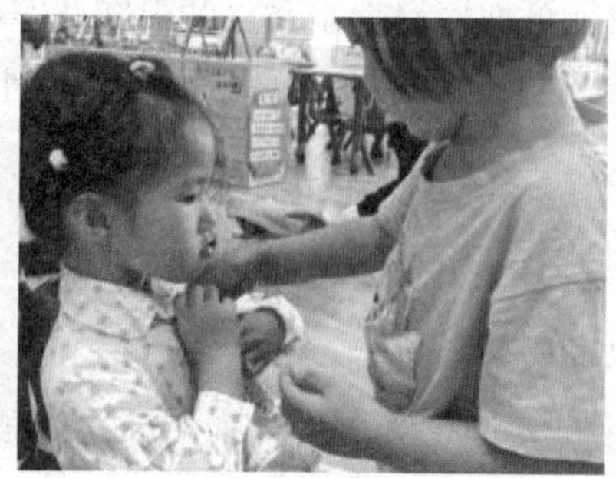

帮助小朋友穿衣服

自主反思：孩子们在入园后掌握了好多本领，对于自己能做什么，小朋友们也能准确地说出，如“会自己穿脱衣服，还会自己穿袜子和鞋子”“叠被子”“收拾餐后的桌面”“帮助其他小朋友解扣子”……教师会根据小班幼儿的心理特点适当介入，为孩子们提供展示自己的机会，如举办一场自理能力比赛。

2. 我的小手真能干——自理能力比赛

经过近四个月的幼儿园学习和生活，孩子们的自理能力有了极大的提升。为了培养幼儿的自理能力，教师与幼儿进行了一场关于“开展什么比赛”的讨论：

西西：“老师，我会自己擦桌子！我们可以比赛擦桌子。”

卓卓：“我和你说哦，我会帮妈妈倒垃圾！我觉得我们可以比赛扔垃圾。”

元宝：“我还会自己剥橘子呢！我觉得我们可以比赛剥橘子。”

梓铭：“我喜欢乒乓球，我们可以比赛舀乒乓球。”

小橙子：“穿鞋子穿袜子我都可以，为什么不比赛穿鞋子穿袜子呢？”

哼哼：“还可以比赛收玩具、收书呀。”

孩子们激烈地讨论着。教师综合孩子们的想法，结合实际情况，最后将自理能力比赛的项目确定为：剥橘子、舀乒乓球、穿鞋穿袜子。

剥橘子比赛

完成任务举起小红旗

四、主题活动实施反思

（一）对主题活动开展过程和效果的反思

“我爱我的幼儿园”这一主题的选择跟随孩子们的脚步，是从他们的年龄特点、兴趣爱好出发确立的。在主题活动开展的过程中，孩子们积极参与，和教师一起了解幼儿园的人有哪些、都发生了什么事情、都喜欢幼儿园的哪些区域，同时主题方向的调整也是根据孩子的发现以及兴趣来确定的。虽然在主题活动中取得了一定的效果，但是在活动内容中还可以进一步丰富，如可以锻炼幼儿尝试自己叠被子、解扣子等。同时，在资源的挖掘与使用上，对信息技术的使用以及家长资源的挖掘尚有不足，仅在"如何缓解坏情绪"中发挥了家长的力量，给孩子提供的活动资源略显匮乏。

（二）对幼儿自主发展的反思

轻盈的时光缓缓流过，留下深深的成长足迹。在"我爱我的幼儿园"主题活动中，孩子们在老师的鼓励下，认识了自己的情绪，学会了缓解情绪的办法，并学会了接纳情绪。初步感觉到自己与周围事物的关系，能够适应新环境，并持续地探索幼儿园里的人、事、物。在这个过程中，孩子们逐步适应了安全、舒适的新环境，情绪趋于稳定、愉悦，体验了与朋友交往的快乐。在一日生活中，孩子们初步养成了饭前便后要洗手，要多喝水、吃饭不挑食，按时午睡等良好习惯。伴随着自理能力的不断提高，孩子们也能逐步适应了幼儿园的集体生活。相信在接下来的幼儿园生活中，孩子们会交到更多的朋友，学会更多的本领，感受到更多的爱与温暖，并喜欢上幼儿园。在发展幼儿自理能力的同时，幼儿的自主学习意识也在慢慢地发生变化。

（三）对教师教育行为的反思

在活动开展的过程中，教师细心地留意着幼儿在活动中表现出来的情绪和兴趣。当幼儿说出许多可以缓解坏情绪的方法后，教师据此设立了情绪签到墙和诱导桌，让孩子们的情绪得到释放和缓解，大大地减少了孩子们的分离焦虑情绪。当幼儿在活动中积极地分享他们自己已经掌握哪些本领时，教师尊重幼儿，给予幼儿畅所欲言的机会，并且在其中充当着倾听者、记录员的角色。但是，在活动组织的过程也存在不足之处，如在活动的实施过程中有些时候并不能很好地捕捉幼儿的生长点，因此，本次主题活动的开展仍旧呈现出教师带动主题推进的特征。

五、整理课程资源

"我爱我的幼儿园" 课程资源表

适用年龄阶段	3~4岁（小班）
幼儿获得的发展	通过本次活动，让幼儿熟悉幼儿园的环境以及人、事、物，适应集体生活并爱上幼儿园，缓解分离焦虑，最后在活动中发现自己的成长
资源的开发与利用	在利用家长资源的同时，我们还利用了社区资源
主题生成点	快乐邮递员：在开展过程中，我们还需要利用社区资源，去分享快乐
推荐书目	幼儿绘本《我的情绪小怪兽》《大喊大叫的一天》 教师读物《幼儿情绪管理的方法与策略》
特别建议	在开展主题活动时要特别注意： 1.每个孩子性格不一样，要根据实际情况因材施教，多增进与幼儿之间的感情。 2.由于幼儿年龄较小，又处于分离焦虑的状态，所以在开展活动中一定要将不确定因素设想在内。 3.在家长工作方面要做到多说勤说，及时沟通幼儿的情况，关注到幼儿的情况，进行针对性的引导

中班：光影随行

吴佳文　邓湉

一、主题活动说明

（一）主题活动缘起

阳光明媚的一天，艺术长廊新增的玻璃房在太阳的照射下出现彩色的光，格外引人注目，引得正在进行户外活动的小朋友们争先恐后地跑去观赏。对小朋友而言，光在日常生活中是随处可见的，但是有颜色的光却不常见。所以，当彩色光出现时，孩子们对这些彩色光的兴趣随之而来。为什么会有彩色的光？这个光是从哪里来的呢？孩子们七嘴八舌地讨论着。回到教室后，他们的讨论依然持续着，这引发了教师的思考。《3—6岁儿童学习与发展指南》在科学领域部分中提出，要让儿童“在探究中认识周围事物和现象”，激发他们的探究兴趣，通过体验探究过程，发展初步的探究能力。光影这一现象蕴含着丰富的教育资源，从自然光到人造光，千变万化的影子让孩子们感到好玩与新奇，同时激发了孩子们的探究欲望。在以光影为主题的各种活动中，孩子们通过实际的观察、测量、操作获得影子近大远小的知识。孩子们在操作中学习照相机的使用方式，链接自然与学习，提升认知经验，培养自主人格。以这些为出发点，关于光的探索也就随之展开了。

（二）主题活动目标

在“光影随行”的主题活动中，幼儿全方位探索光与影。他们通过仔细观察与亲手实验，弄清楚光影产生的必备条件及其变化的规律，从而激发对科学的浓厚兴趣，提升观察、思考及解决问题的综合能力。不仅如此，幼儿还借助多样材料和工具创造出属于自己的光影作品，充分展现想象力与创造力。在有趣的光影游戏里，幼儿身体协调能力和反应速度也得到锻炼。同时，幼儿通过感受光影在日常生活中的广泛应用，提升对生活的观察力和对美的领悟力，并且在小组活动中培养团队合作精神，一起分享探索光影奥秘的成果。"光影随行"主题活动中班幼儿发展目标如下表：

"光影随行"主题活动中班幼儿发展目标表

总目标	具体目标
自主生活	1.愿意并主动参加群体活动，体验玩光影的乐趣。 2.能够积极参加各种活动，乐意与同伴交流探索影子的变化过程
自主学习（重点发展）	1.幼儿能基本完整地表达关于影子的想法，能用符号和图画记录影子的长短并收集信息。 2.能带着好奇心对影子进行自主观察并提出问题，大胆猜测答案。 3.运用多种感官探索事物，观察影子的长短、大小、颜色，愿意动手操作，对行为产生的结果，能自主进行判断，例如影子产生的条件
自主创造	1.思维流畅、独特，能动手操作材料表现影子的特性。 2.喜欢并愿意体验关于光影艺术的创作。 3.能够自发地通过各种艺术表现形式，创造性地表达自己的想法

（三）主题活动资源

主题活动的顺利开展离不开丰富的教育资源，其大致可以划分为人力资源、物质资源、文化资源、信息网络资源，并从园内、园外两个维度来进行梳理，具体资源见下表。

主题活动开展所需的资源表

类型	名称	内容
人力资源	园内资源	班级老师：负责主题活动的策划、组织、实施。 幼儿园维修师傅：安装光影音响机
	园外资源	家长助教：分享光影的知识和相关经验。 家长义工：设计、安装班级光影棚
物质资源	园内资源	1.教室光影区、音体室：提供适宜的探索场地。 2.希沃：用于直观展示光影的图片与视频。 3.光影材料：用于幼儿直接探究光影奥秘，如手电筒和光影柱
	园外资源	深圳市民中心灯光秀：提供绝美的灯光秀展示。 展览馆：丰富的光影作品展示

续 表

类型	名称	内容
文化资源	园内资源	有关光影的绘本：《神奇的光和影》《影子在哪里》等
	园外资源	家长与幼儿一起玩手影、剪影游戏。 传统文化：皮影戏
信息网络资源（辅助资源）	可使用的工具	手机、希沃：通过多个软件在线查找相关的光影知识。 光影绘画工具：便于幼儿创作光影画作
	可下载的资源	1.斑马百科科普视频。 2.光影动画片。 3.光影绘画软件、互动工具
	幼儿可使用的新技术	智能语音助手：如小爱同学、小度等，幼儿可以通过提问获取光影知识

二、主题活动实施设计

（一）主题活动结构及发展线索

开始阶段　影子出现在哪里？
- 兴趣驱动：这是光还是影子？
- 自主探究：影子是怎么来的？哪些物体会发光？
- 自主反思：光的利弊有哪些？

↓

发展阶段　影子有哪些秘密？
- 兴趣驱动：影子应该怎么玩？
- 自主探究：变大变小的影子—变多变少的影子
- 自主反思：影子能变长变短吗？

↓

高潮阶段　影子与照相机有关吗？
- 兴趣驱动：怎么拍出好看的照片？
- 自主探究：如何确定拍摄机位？—尝试、测量、定点
- 自主反思：欣赏不到拍摄的照片怎么办？

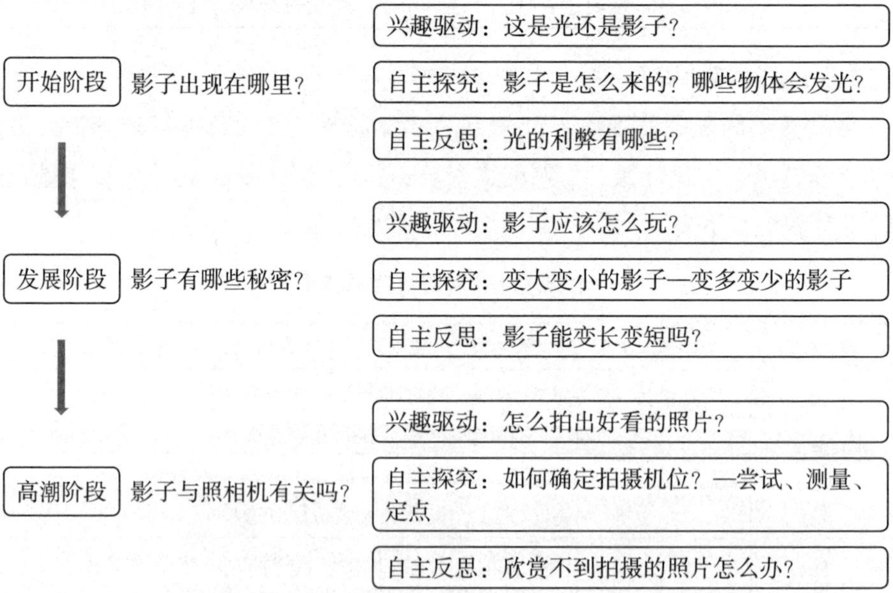

“光影随行”主题活动结构及发展线索图

开始阶段：“寻影记”第一阶段，基于幼儿户外发现的问题“为什么会有影子？为什么影子会跟着我走？”展开，教师利用调查表，与幼儿共同分享、

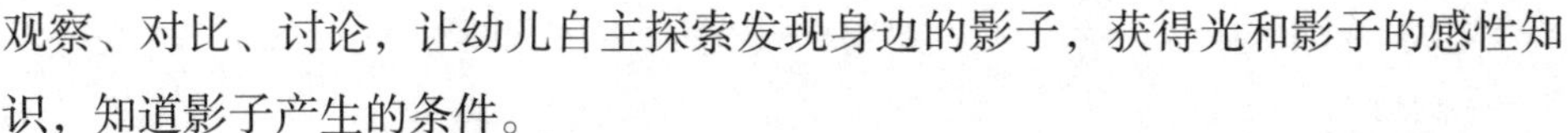

观察、对比、讨论，让幼儿自主探索发现身边的影子，获得光和影子的感性知识，知道影子产生的条件。

发展阶段："探光影"第二阶段，主要基于幼儿提出的"影子的特点"展开。在这一阶段，通过各种实验和实际操作，师幼共同探索，从不同角度去探索影子的长短、大小、颜色，让幼儿了解影子的特点，提升幼儿的动手能力、团队协作和探索能力。

高潮阶段："创影乐"第三阶段，基于幼儿提出的关于照相机的话题"照相机真的与影子有关系吗？"展开，教师在光影区投放相关的材料，如老式照相机，通过让幼儿自主探索照相机的使用方法，提高幼儿解决问题的能力，激发幼儿更深层的科学探究兴趣。

（二）自主环境创设

1. 自主物质环境

班级自主物质环境创设以光影为主题，以灰色和棕色为主色调，结合影子的元素，打造一个充满探索与乐趣的空间。教师根据光影的主题，合理规划与光影相关的基础区域，特别创设光影诱导桌，结合幼儿的认知特点，以安全性、互动性、教育性、美观性为原则，创造出一个既美观又富有教育意义的环境，激发幼儿探究影子的兴趣，让他们在快乐的学习中了解和探索光影的奥秘。

班级主题墙面

（1）基础区域

科学区：

创设思路：结合光影的元素，进行材料的整合，提供会拐弯的光、投影仪、纸杯等材料，让幼儿直接用材料来探索光与影。

材料投放：万花筒、纸杯、镜子、彩色积木块、自制影子工具、光纤线、电池、手电筒。

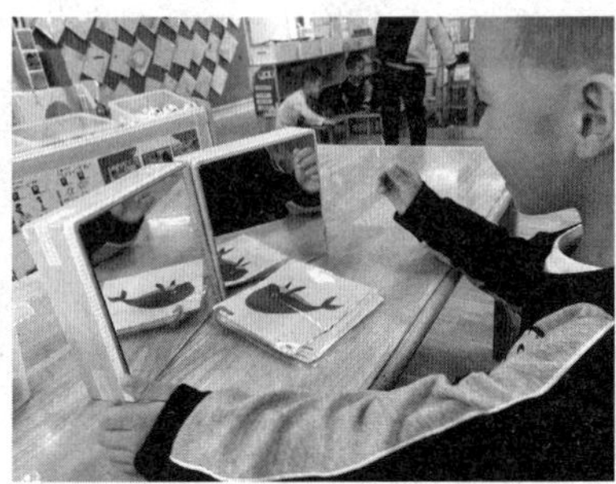

幼儿在科学区操作光影材料

角色区：

创设思路：创设幼儿所喜爱的动画角色——艾莎公主，吸引幼儿来体验，同时在“照相馆”里提供不同的相机，以及丰富的服装和道具，供幼儿自由选择，丰富幼儿的游戏体验。

材料投放：照相机、各种拍照服装、头饰 、道具 。

幼儿在角色区进行角色扮演

美工区：

创设思路：美工区除投放基础美工材料外，还投放玻璃纸和彩色透明纸，启发幼儿自主创作。另外，在美工区腾出专门空间，设置关于光影的作品展区，供幼儿欣赏。

材料投放：绘画工具、颜料、纸张、彩纸、剪刀、胶水、彩色玻璃纸等。

幼儿制作光影作品并展示

（2）主题活动区域

创设思路：在美工区的延伸角布置光影角，用彩色灯营造光影的氛围。

材料投放：手电筒、光影桌、彩色动物、玩偶 、树叶、 树干 、石头、光影积木、关于光影的图书。

光影角

2. 自主心理环境

（1）结合主题，设置一个“光影小屋”，教师和幼儿可以在小屋里进行光影游戏和温馨的交流。

（2）通过在家里玩“影子游戏”，孩子与爸爸妈妈一起观察影子变化的规律，说一说影子变化的条件，营造家庭欢快的瞬间。

（三）自主行为激励

1. 教师激励要点

在主题活动开展的过程中，当孩子缺乏学习内驱力，没有兴趣时，教师使用合适的方法帮助孩子获得归属感、自主感和成就感，帮助孩子明确内心的想法，尊重孩子的想法，让孩子能得到父母或他人对自己所获得成果的正向激励。幼儿随时随地地开展着自己的探究活动，有时在操作区，有时在表演区，有时在音乐室……当幼儿在操作区自主操作材料并有一定的发现时，教师如何进行激励？当幼儿认真探究影子的产生时，教师又当如何激励？在“光影随行”主题活动中，教师可以参考下表进行适时、适当的激励。

教师激励情境、激励要点及激励示范表

激励情境	激励要点	激励示范
在操作区，幼儿主动找到另外一名幼儿，想和他一起玩手影游戏	鼓励他们一起合作表演	为你们懂得合作的方法点赞！你们想表演什么手影故事呢？老师帮你们把它拍下来分享给小朋友吧
当幼儿不会测量影子的长短时	选择合适的方式介入，引导幼儿自主解决问题	我们还可以用什么工具来测量呢？找一找，试一试，相信你一定可以做到的
当幼儿在区域活动中因为争夺光影材料而发生不愉快时	关注幼儿的动态，观察幼儿的事情处理情况，必要时适当介入	你们发生了什么？可以和老师说一说吗？材料不够分了怎么办呢？
当幼儿在光影角操作材料注意力不集中时	鼓励继续创作，给予正向反馈	你好厉害呀，自己完成了光影城堡，还可以怎么装饰它呢？

2. 家长激励要点

家长对孩子的激励会影响幼儿的自我认知，并且这种认知会直接或间接地影响孩子探究活动的专注力与持久力。孩子离园后便开始了他们在家的生活，在家庭成员一起探索影子的游戏过程中，孩子可能会对家里发光的物品感兴趣，也可能对要参与的亲子活动表示抗拒……在开展"光影随行"主题探究活动中，家长们可以参考下表对孩子进行激励，提升孩子对活动的兴趣。

家长激励情境、激励要点及激励示范表

激励情境	激励要点	激励示范
当幼儿对家里的会发光的物品感兴趣时	保护并鼓励幼儿的好奇心，共同探索	为什么我们不知道原因呢？我们一起来查一下资料吧，一起动手试一试
当妈妈想一起和幼儿完成手工任务时，幼儿不愿意	及时给予正向具体的激励，强化经验	你用自己的方法完成这次的手工，给你一个大大的赞，我们明天带去分享，让其他小朋友也看看，好吗？
做完影子的颜色实验之后，幼儿不想再做了	鼓励幼儿制作不一样的影子模型并进行游戏	我们可以把这些材料做成你喜欢的图案，然后一起出去观察它们的颜色，好吗？

三、主题活动实施过程

兴趣驱动一：这是光还是影子？

阳光明媚的一天，艺术长廊里新增的玻璃房在太阳的照射下出现彩色的光，格外引人注目，引得小朋友们争先恐后地跑去观赏。

贝贝兴奋地说："你们看！地上有红色和黄色的光。"

皓霖说："这不是光，这是彩色玻璃的影子。"

子峻问道："影子不是黑色的吗？"

雨橙肯定地回答："这是影子，我看见过彩色的影子。"

回到班级后，孩子们还在继续讨论着。这到底是什么呢？大家都不清楚，一场关于"影子"的讨论由此展开。

开始阶段：寻影记

自主探究：

1. 寻找身边的影子

小朋友自发在户外进行寻找幼儿园影子的游戏。“老师你快来看，这是我的影子！”“老师，沙子里有秋千的影子！”为了加深班级幼儿对于影子的认识，我们通过发放关于影子的专项调查表，积极鼓励家长们利用周末的闲暇时间，与幼儿一同去寻找、探索身边的影子，并将探寻的结果详细地记录下来。

周一回到班级后，小朋友争先恐后地拿着调查表，说出自己的新发现。

远哲：“太阳的光把叶子黑黑的影子照出来了。”

皓霖：“晚上的时候，我跑时影子也会跟着我跑。”

皓皓：“我的小汽车和小船是用彩色的纸做的，所以影子是彩色的。”

羿楠：“我的车影子是黑色的。”

听完小朋友们对影子的分享，谦谦小朋友歪着脑袋似乎还有不明白的地方：“为什么有的影子是彩色，有的影子是黑色？影子到底是怎么来的呀？”

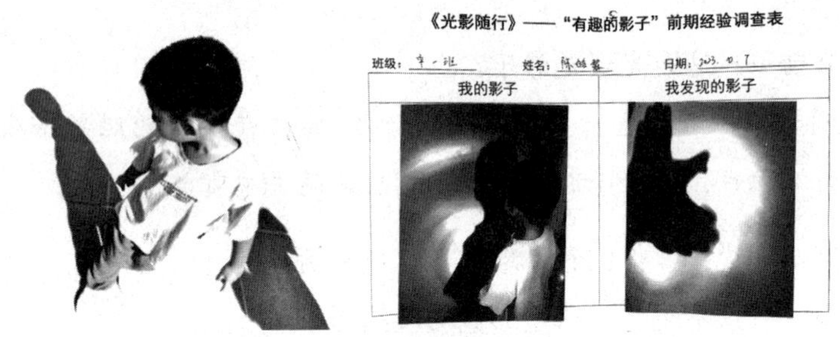

《光影随行》——“有趣的影子”前期经验调查表

班级：　　姓名：　　日期：2023.10.7

我的影子	我发现的影子

幼儿发现自己的影子

2. 影子是怎么来的？

“用手机照东西就会出现影子。”彦宇第一个回答道。

“小朋友站在太阳下会出现小朋友的影子。”易轩补充说。

“用手电筒照积木，积木的影子会出现在墙上。”沐昀继续说。

我们将幼儿的猜想进行了整理归纳，鼓励幼儿在班级和家里寻找合适的探索工具，对自己的猜想进行验证。通过小朋友的动手操作，他们了解到，影子的产生需要借助一些东西。于是，小朋友们将自己用到的东西一一罗列出来。

老师进行整理后，孩子们发现影子产生需要满足三个条件：光（手电筒、太阳光、手机灯光等）、物体（小汽车等）、投影面（墙、地面等）。

自主反思：光和影是幼儿在日常生活和学习中常见的现象，最初地面上出现彩色的影子激起了大家浓厚的兴趣，并引出了一系列与之相关的问题。影子究竟是怎么来的？孩子们通过在家里、班级里探索后，记录了自己的发现。但是，中班的幼儿还无法将自己的发现进行归类整合。于是，老师将孩子们的发现进行了归类整理。最后，孩子们发现影子产生需要满足三个条件：光、物体和投影面。

3. 哪些物体会发光？

在前期活动开展时，幼儿凭借已有的生活经验，能够正确说出会发光的物体，如手电筒、台灯、手机灯、太阳光等。要怎么样才能让它发光呢？小朋友们对班级里的照明灯、手电筒等材料进行了操作并使其发光发亮。

樾琳说：“手电筒和我们教室里的灯都是要按一下开关才能发光。”

南瓜说：“太阳自己就会发光。”

嘟嘟说：“小孔成像仪打开开关就会发紫光。”

幼儿探索不同物品的影像

自主反思：发光的物体有很多，哪些要按开关才能发光？哪些是自己会发光的呢？有的孩子说手电筒和教室里的灯会发光，有的孩子说太阳会发光，还有的孩子说萤火虫会发光。为此，教师再一次将孩子们的回答进行归纳与整理后总结道：需要人按开关才会发光的物体，如手电筒、路灯、手机灯、照明灯等，叫作人造光；自己就会发光的物体叫作自然光。

4. 人造光和自然光物体的作用

在日常生活中，人造光和自然光的物体都有哪些作用呢？

“我知道！教室里很黑，我们打开教室里的灯，教室就变亮了。”丫丫积极地说道。

“晚上路灯亮了，我才能看见路。”甜甜补充道。“太阳光能把我们的衣服晒干，还能消灭病毒呢。”彦宇说。孩子们都对光的作用有浅显的认识，为了进一步提升孩子们的认知水平，教师进一步提问：“这些光有什么危害吗？”

丫丫：“我们一直看太阳的话，眼睛会看不清楚东西。”

园园：“闪电会把大树劈倒。”

小帅：“用手电筒照别人眼睛，眼睛就会受伤。”

幼儿在教室寻找人造光

兴趣驱动二：影子应该怎么玩？

幼儿对探究光影的兴趣愈发浓烈，热情只增不减。当他们来到户外，便自发地、充满兴致地玩起了踩影子的游戏，就连回到教室后还沉浸其中。

发展阶段：探光影

自主探究：

1.影子能变大变小、变多变少吗？

对影子的探索深深地吸引着孩子们，他们还利用餐后时间在音乐室玩起了手电筒的游戏。孩子们一会儿用手电筒照照自己，一会儿又照照其他东西。这时，哲睿的叫喊声吸引了我们的注意力：“我会变魔术！你们看，我还可以变出两个一样的影子呢。”

“我知道这个，拿两个手电筒一起照射就出现两个影子。我有个比你更厉害的魔法，我可以把影子又变大又变小。"易轩不服气地说。"教教我，教教我，我也想学。"小朋友们激动地说。易轩开始成为小朋友们的小老师，说："我来教你，把手电筒拿远一点，影子就变小了；手电筒拿近一点影子就会变得很大呢！""哇，你们看，我也成功了。"神奇的"魔法"引得小朋友们争相模仿。

小朋友在自主探索、合作游戏的过程中丰富了自己对影子的认识：用多个光源照射物体会出现多个影子，而且当手电筒离物体很近时，物体的影子会很大，反之，当手电筒离物体很远时，物体的影子则会很小。

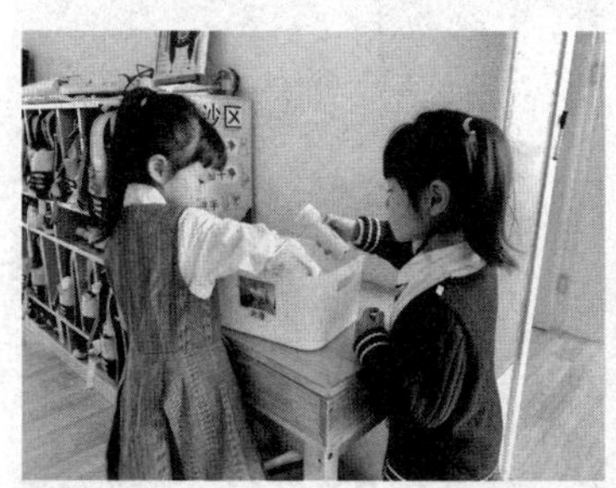

幼儿在生活中探索光影

自主反思：关于影子的游戏真的非常有意思，孩子们在音乐室玩耍时发现，影子可以变大变小，也可以变多变少。可是，怎样才能让影子变得这么神奇呢？教师并没有立即加入，而是在一旁持续观察。而小朋友们的不断追问也让易轩成为请教的对象，就这样，孩子们在小老师易轩的带领下发现：用多个光源照射物体会出现多个影子；当手电筒离物体很近时，物体的影子会很大；当手电筒离物体很远时，物体的影子则会很小。

2. 影子能变长变短吗？

在教师的支持与帮助下，幼儿知道了影子的长短是与时间相关的。哪个时间段的影子是最短的呢？小朋友们开始纷纷猜测起来：

六六说："我猜是早上，因为早上的太阳还没有长大。"

沐宸说："我觉得是中午，中午的太阳最大，离我们很近。"

瑾轩说："我也觉得是中午，因为中午的太阳在我们头上，离我们很近。"

也有个别小朋友猜测下午物体的影子最短，大家的说法可谓各不相同。基于此，在各个时间段测量影子的活动便如火如荼地开展了起来。

小朋友们成立了科学小组来进行测量影子的实验，小组成员们在班级里各自挑选适合自己的测量工具，如小长方体积木、坐垫等，同时自主选择了测量物，有的选择了置物圆柱，有的选择了小朋友等。他们分别在早、中、晚这三个不同的时间段里，对同一个测量物进行了仔细的测量，并将结果一一记录了下来。最后，通过对记录表进行分析，他们得出了这样一个结论：中午时物体的影子是最短的。

幼儿测量不同时间的影子

自主反思：在探究影子的整个过程中，幼儿对于影子的了解在逐渐深入。对于影子何时变长、何时变短，孩子们有着许多自己的猜测。孩子们在老师的支持下，获得了小长方体积木、圆柱、坐垫等材料。不仅如此，孩子们还自发创建了探索小组，分别在早、中、晚三个时间段展开测量活动，并对数据进行了统计、整理、对比、总结，最终发现：中午时物体的影子是最短的。

兴趣驱动三：怎么拍出好看的照片？

在孩子们你一言我一语的时候，班上一个酷爱摄影的孩子说：“老师，我爸爸说照相机也和光影有关。”因此一场关于照相机的热烈讨论由此展开。

高潮阶段：创影乐

自主探究：

1. 照相机和影子有关吗？

为了满足幼儿的探索需求，我们在光影区投放了相关的材料，比如老式照相机。幼儿在尝试操作时发现，照相机里的人是倒着的，这到底是什么原因呢？

有些小朋友猜测是因为人是倒着的；还有些小朋友则说是因为照相机拿反了。我们在网上查阅了相关资料，得知原来照相机的倒影是小孔成像造成的。于是，我们一起观看了相关的动画，了解到光不会拐弯，是沿着直线传播的。当遇到小孔时，才会出现这种现象，产生倒影。

幼儿一起研究相机

2. 怎么拍出好看的照片？

在区域活动中，幼儿们都争相充当小摄影师为顾客拍照。

第一次尝试拍摄：照片拍得特别模糊，顾客对拍摄出来的照片效果非常不满意。在区域活动小结时，我们一起寻找解决照片模糊问题的方法。

方法一：摄影师的手要稳，手不能抖。

方法二：顾客要坐好，不能乱动。

幼儿尝试不同的拍摄角度

第二次尝试拍摄：拍摄出来的照片效果还是不理想，有的照片只能看到顾客的半张脸，有的照片顾客的脸被特效挡住了。我们把小摄影师拍摄的角度和最终拍摄的照片都展示在希沃上，一一进行对比发现：照片的拍摄效果和拍摄距离有关。

要如何确定拍摄位置呢？善于迁移生活经验的幼儿说：“做早操时我们找自己的点点就能找到位置，那我们也在角色区设置一个点吧。”于是，幼儿根据测量物体影子的经验，进行标记、测量，最终确定了三个拍摄点。经过全班幼儿的投票统计，一号拍摄点成为我们的最佳拍摄位置。

我们还开展了社会亲子活动，鼓励家长和幼儿参观摄影展，并从中获取相关经验。至此，幼儿的拍摄水平得到了大幅度的提升。

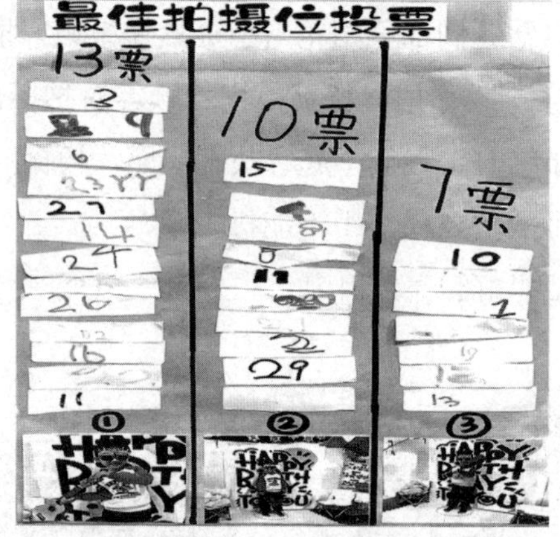

拍摄位的确定与投票统计结果

自主反思：拍照是一件有意思的事情，孩子们很是喜欢，但是怎样才能拍出满意的照片呢？善于反思的孩子们在第一次拍摄后总结出手不能抖，被拍摄顾客也不能乱动的经验。可是，这样还是不能解决问题。随后，孩子们主动联系自己已有经验发现，照片拍得好不好看其实跟拍摄的位置相关。于是孩子们进行了标记与测量。最终确定了三个比较满意的拍摄点。

3. 欣赏不到照片怎么办？

小朋友的拍摄兴趣日渐高涨，在积木区搭建出了一个建筑就会拍照记录；

在音乐区表演时，小朋友也会拍照记录。可是，小朋友们拍摄的照片打印出来都存放在盒子了，我们都欣赏不到。皓皓说："我们可以把照片摆出来，放桌子上一起看。""不行，桌子要用来吃饭的。"丫丫立刻反驳道。易轩说："我们不是参观了摄影展吗？我们也举办一个摄影展吧。"就这样，举办摄影展活动开始了。

在观展的时候，小朋友们不约而同地发出赞美的声音："哇，这张照片是我们的教室，好漂亮。""我想要！""我也想要！"漂亮的照片对小朋友来说有着强烈的吸引力，大家都想要照片，那怎么样公平公正地分配照片呢？在户外区域玩过"一锤定音"的谦谦说："这还不简单吗？我们就把照片拿来拍卖呀。"可是要怎么拍卖呢？

我们通过家长搜集的相关资源认识了拍卖会，知道了拍卖会的拍卖要求、规则，并得知拍卖会需要拍卖师和竞拍牌子。我们采用投票的方式选出了拍卖师，一同设计出了属于自己的竞拍牌，也决定将拍卖会开在"一锤定音"区域。乐琪又提出新的问题："要是大二班哥哥姐姐们也要玩怎么办呢？我们一起去和大二班的老师商量一下吧。"

在小朋友和大二班老师的商量下，小朋友们获得了该区域的使用权，同时，我们准备着手布置拍卖会。要怎么布置拍卖会呢？小朋友把步骤一条一条地梳理出来：一是要打印很多的照片，二是要把漂亮的照片贴出来。小朋友们采用了分组的方式一起布置会场。许多家长也积极参与到我们的活动中来。就这样，通过小朋友举牌、喊价等流程，我们的摄影拍卖会顺利开展。

拍卖会现场

自主反思：在"创影乐"过程中，幼儿的拍摄经验逐渐积累。一开始，大家都想把精彩的瞬间通过拍照的方式留存下来，随着拍摄的照片逐渐增多，幼儿通过经验迁移，提出要举办摄影展和拍卖会。为此，教师通过家长搜集的相关资源，和孩子们一起认识拍卖会，了解拍卖会的拍卖要求、规则，并得知拍卖会需要拍卖师和竞拍牌子。此外，孩子们还主动邀请了爸爸妈妈、哥哥姐姐们参加他们的拍卖会呢！照片拍卖会成功举办，解决了孩子们无法看到照片以及照片分配的问题。

四、主题活动实施反思

（一）对主题活动开展过程和效果的反思

本次主题活动，通过一系列与光影相关的实践活动，如绘画表征、动手制作、讨论互动交流等，让幼儿的动手能力、观察能力、团队合作能力以及创新思维得到有效提升，由此也为幼儿后继学习和终身发展奠定了坚实的基础。虽然“光影随行”主题活动的开展让幼儿学习到了一定的知识，但是活动与活动之间的衔接还可以更紧密，活动的形式还可以更加丰富，如外出实践，参观光影展、拍卖展等，还可以增加一些互动性强、趣味性强的环节，提高幼儿的积极性和参与度。

（二）对幼儿自主发展的反思

在“光影随行”这一主题活动中，幼儿在某些方面取得了显著的自主发展。在自主态度方面：他们积极参与，动手实践，积极分享自己的发现。在自主认知方面：幼儿对影子的认知从陌生到熟悉，他们通过观察和实验，了解了影子产生的条件。在自主行为方面：在探索影子特点的过程中，幼儿展现了较高的动手能力和观察能力。此外，在制作光影手工的活动环节中，幼儿充分发挥了想象力和创造力，创作出了独一无二的艺术作品，体验到了光影的魅力和创作的乐趣。

（三）对教师教育行为的反思

教师在主题探究活动中积极关注孩子们的情况，主动倾听孩子们对活动的看法并及时抓住教育契机。比如前期做了影子的近大远小的实验以后，孩子们问教师：“太阳和月亮都会发光吗？”教师便立刻意识到孩子们的好奇心和探究兴趣远远比想象中还要强，他们渴望了解他们不知道的世界。于是，教师马上带着孩子们查阅资料，满足孩子们的好奇心，在这个过程中，一步一步引导孩子们。教师观察到孩子们对于影子的兴趣逐渐高涨，便抓住时机，开展了以兴趣点衍生的探究性活动。但是，在整个活动过程中也有不足的地方，如孩子们在同一个时间测量同一个物体的影子时，发现数据不一样，感到非常疑惑，纷纷来求助教师。教师立刻组织孩子们进行讨论，发现原因是测量方法或工具不同。

五、整理课程资源

“光影随行”课程资源表

适用年龄阶段	4~5岁幼儿（中班）
幼儿获得的发展	幼儿通过主题活动，对影子的颜色、产生条件，光的分类、作用等方面有了深入的了解。幼儿的观察力、探究能力和分析问题的能力得到了提高，培养了幼儿的探究精神。通过发现问题、解决问题等过程，幼儿体验到了科学的奥秘与严谨，同时体会了同伴间合作学习的乐趣
资源的开发与利用	幼儿园资源：举办摄影拍卖会的场地。
主题活动生成点	创设角色区：艾莎照相馆
推荐书目	教师：《3—6岁儿童学习与发展指南》《幼儿园里有妖怪：幼儿“光影世界”的体验式探究》《幼儿园生活化课程：回归传统、自然与本真. 中班. 上册》等。 幼儿：《乐科 · 神奇的光和影》《了解光和阴影：影子在哪里》等
特别建议	开展该主题活动时尽可能选择春夏季，利于探究自然中光和影的联系

中班：桑葚熟了

罗丽秀　张莹莹（小）

一、主题活动说明

（一）主题活动缘起

在幼儿园的野炊区里，一个个满带笑容的脸庞在阳光的照射下显得可爱至极，但是，一颗掉落在地上的果实，打破了原有的平静。“老师，你看，这是什么？是葡萄吗？”天宸指着树上的果子问。“不对，不对，那个不是葡萄，是桑葚。”歆悦说。“桑葚是什么呀？长得那么像迷你版的小葡萄。”……一个个的问题在幼儿的小脑袋里迫不及待地蹦了出来。3~4岁是幼儿自我认知、自我意识初步形成的时期，也是对周围事物探究兴趣最浓厚的时期，他们对周围事物之间的关系处于逐渐理解和发现的阶段。在这个阶段，幼儿的认知发展尚未成熟，对世界的理解是直观和具体的。因此，为了帮助幼儿理解周围事物之间的关系，丰富幼儿的感知经验，我们让幼儿通过触摸、品尝、观察等方式来感知桑葚的特点，让幼儿在实践中探索和发现桑葚植物与土壤、水分等之间的关系，鼓励幼儿表达自己对周围事物的看法和感受，以此来促进幼儿的语言发展和情感交流，为幼儿未来的学习和生活奠定坚实的基础。

（二）主题活动目标

在开展“桑葚熟了”主题活动的过程中，教师利用幼儿园园内、园外及社会资源，通过社会实践活动，帮助幼儿了解桑葚的形态、特征以及生长环境，培养幼儿发现问题、解决问题的能力。在采摘桑葚果实、制作桑葚美食的活动过程中，幼儿互帮互助、共同合作，感受到了与同伴交流探索的乐趣，这让幼儿的语言表达能力、社交交往能力都得到了提升。“桑葚熟了”主题活动中班幼儿发展目标见下表。

“桑葚熟了”主题活动中班幼儿发展目标表

总目标	具体目标
自主学习（重点发展）	1.幼儿愿意用图画和符号表达自己的愿望和想法，并收集桑葚的相关信息。 2.幼儿能基本完整地讲述自己所见所闻的果实和经历的事情，能说出果实的名字及营养价值。 3.运用多种感官探索事物，观察桑葚的形态与特征，能提出相关的问题。 4.对发现的事物和现象进行观察和比较，知道桑葚生长过程变化及其基本条件，了解保存桑葚的方法
自主生活	1.愿意并主动参加群体活动，一起体验采摘桑葚的乐趣。 2.喜欢幼儿园和班级，积极参加各种活动，乐意与同伴交流探索过程和结果
自主创造	1.能自主运用多种元素的材料进行表征，表现自己的所见所想。 2.能把自己观察到或想象的果实，主动运用绘画、手工制作等方式表现出来

（三）主题活动资源

《幼儿园教育指导纲要（试行）》中提出：“幼儿园应与家庭、社区密切合作，与小学相互衔接，综合利用各种教育资源，共同为幼儿的发展创造良好的条件。”因此，在主题活动探究过程中，教师要积极将人力资源、物质资源、文化资源、信息网络资源转化为园内资源及园外资源，具体资源见下表。

主题活动开展所需的资源表

类型	名称	内容
人力资源	园内资源	园长、教师、保安等
	园外资源	家长、采摘人员、种植人员、售卖工作人员等
物质资源	园内资源	美工区：装饰材料、绘画工具、手工制作工具、扎染材料 操作区：新鲜桑葚、果干、观察类材料、科学探索材料 语言区：图书材料、角色扮演道具、视听材料 角色区：扮演工具、清洗工具、真实材料
	园外资源	桑葚相关自然材料、采摘桑葚工具、蚕宝宝

续 表

类型	名称	内容
文化资源	园内资源	桑葚酿酒的来源及办法；各种自然布料、扎染的来源及步骤
	园外资源	社会实践：亲子采摘活动、亲子桑葚美食分享会
信息网络资源（辅助资源）	可使用的工具	家园联系App、园所网站
	可下载的资源	桑葚美食图片、音视频
	幼儿可使用的新技术	希沃投屏技术

二、主题活动实施设计

（一）主题活动结构及发展线索

开始阶段　这到底是什么果实？
- 兴趣驱动：掉落在地上的果实到底是什么？
- 自主探究：树莓和桑葚有什么不同？
- 自主反思：桑葚为什么颜色不一样？

↓

发展阶段　怎么采摘桑葚？
- 兴趣驱动：怎么采摘桑葚？
- 自主探究：可以用什么工具进行采摘？
- 自主反思：什么工具可以采摘高处的桑葚？

↓

高潮阶段　怎么制作桑葚美食？
- 兴趣驱动：桑葚吃不完，还可以做什么？
- 自主探究：桑葚汁把布染红了—桑葚干发霉
- 自主反思：桑葚泡多久才能喝？

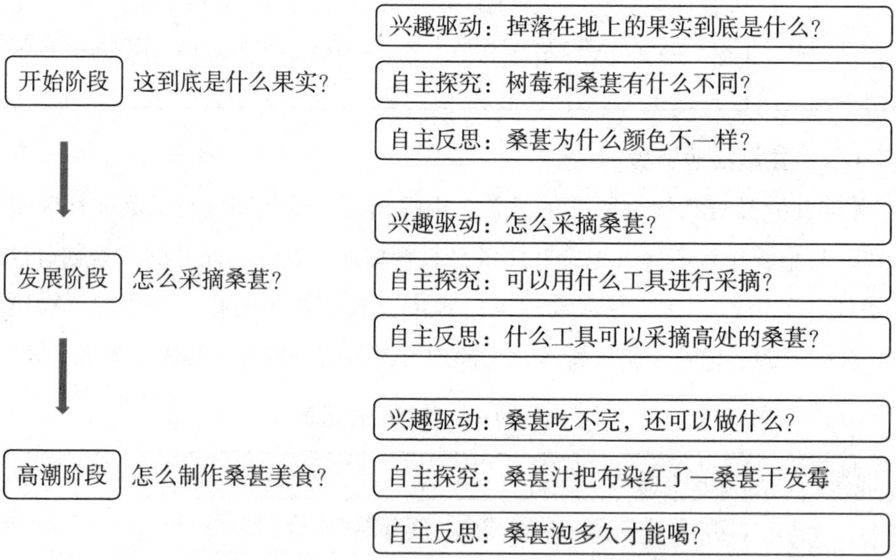

“桑葚熟了”主题活动结构及发展线索

开始阶段：“认识桑葚”第一阶段，基于幼儿户外发现的问题“这到底是什么果实？”展开。教师通过与幼儿共同讨论、观察、对比等方式，让幼儿认识了桑葚，知道了它与其他果实的相同与不同，同时了解了桑葚的生长周期和变化。在这一阶段，幼儿获得了对桑葚外形特征、味道等的认知，体验到了大自然的魅力，并培养了对自然环境的观察和探索能力。

发展阶段：“采摘桑葚”第二阶段，幼儿在第一阶段解决了第一个问题，对桑葚有了充分的认识，在这过程中，幼儿又提出了采摘成熟桑葚的需求。于是，在采摘桑葚的过程中，幼儿动手操作，如使用不同的采摘工具、清点桑葚等。幼儿分工合作，互相帮助，共同采摘桑葚，不仅锻炼了幼儿的动手能力，还培养了幼儿团队协作和沟通能力。

高潮阶段：“制作桑葚”第三阶段，桑葚采摘结束后，幼儿在活动中品尝桑葚，感受其美味，从而培养对健康食物的喜爱和兴趣，形成健康的饮食习惯。在这期间，教师与幼儿一起进行“未食用完的桑葚应该如何处理”的讨论，跟随幼儿的兴趣，带领幼儿分组制作了不同的桑葚美食，如桑葚干、桑葚果汁等。在亲自制作桑葚美食的过程中，幼儿了解了桑葚的营养价值和食用方法，体验了成功的喜悦。

（二）自主环境创设

1. 自主物质环境

班级自主物质环境创设以桑葚为主题，以灰色和棕色为主色调，打造一个充满自然、探索与乐趣的空间。根据班级空间大小，教师合理规划了与桑葚相关的基础区域及桑葚主题区域，以桑葚的生长、采摘、制作等生活场景为灵感，结合幼儿的认知特点，以安全性、互动性、教育性、美观性为原则，创造出一个既美观又富有教育意义的环境。让环境成为主题活动的教育资源，成为幼儿的第三位教师，激发幼儿主题探究的兴趣和参与意愿，让他们在快乐的学习中了解和喜爱桑葚。

班级主题墙环境

（1）基础区域

美工区：

创设思路：在美工区的基础上，结合桑葚汁会染色这一特点，增加了"扎染区"，打造了一个充满创意与色彩的空间。在这里，幼儿可以通过使用各种材料和工具，结合扎染技艺，创作出独一无二的艺术作品，体验染色的魅力和创作的乐趣。两个区域之间设置一些过渡性的装饰，如悬挂一些用扎染技法制作的布艺作品，或者摆放一些与扎染和美工相关的书籍和图片，增强两个区域之间的联系和整体感。

材料投放：

①绘画区：颜料、纸张、剪刀、胶水、彩带、橡皮泥等材料。

②扎染区：桑葚、树叶等可染色植物，以及自然布料、染料、橡皮筋、线绳等扎染所需材料。

科学操作区：

创设思路：结合桑葚的特点，提供相关的材料，如新鲜的桑葚、桑葚果干等材料，鼓励幼儿在探索和学习中深入了解桑葚。

材料投放：

①观察类材料：新鲜桑葚、桑葚干、放大镜

②探究性材料：透明容器、酸碱试纸、小天平

语言区：

创设思路：结合桑葚特点，从多个角度入手，包含图书、角色扮演、视听材料等，使语言区既富有教育意义又充满趣味性。

材料投放：

①图书：投放与桑葚相关的绘本、科普读物等。

②角色扮演道具：桑葚树、桑葚果实等。

③视听材料：与桑葚相关的儿歌、故事音频等。

角色区：

创设思路：基于桑葚可以制作桑葚果汁这一事实，创设"果汁吧"角色区，通过角色体验，激发幼儿的想象力、创造力以及社交能力，提升幼儿的动手操作能力。

材料投放：

① 扮演工具：小围裙、手套、角色牌、菜单、榨汁机等。

② 清洗工具：小刷子、水盆等。

③ 真实的材料：榨汁机、量杯、桑葚、苹果等。

角色区环境

幼儿送外卖

（2）主题区域

创设思路：以桑葚为主题，在教室角落创设“主题诱导角”，通过投放与桑葚相关的材料与幼儿互动，让幼儿的学习能在环境中得以持续发生。

材料投放：

① 蚕宝宝、观察和测量的工具（毛线、放大镜、笔）等。

② 桑葚酒、有关桑葚的图书、桑葚酒的制作过程图示、日历等。

主题诱导角

2. 自主心理环境

（1）固定时间观察桑葚"宝宝"：每天户外活动开始前，让幼儿观察桑葚"宝宝"，和桑葚"宝宝"对话，营造温馨、有爱的情感氛围，让幼儿的发现自然而然地发生。

（2）班级创设"问题墙"，让幼儿及时记录自己探究过程中遇到的问题。教师需要及时倾听幼儿的发现，当幼儿记录自己的问题时，给予幼儿充分时间与认可，当幼儿邀请教师参与讨论时，教师可用开放性的语言激发幼儿尝试、思考，不直接告诉幼儿答案。

（3）家庭设置"对话时间"，让孩子在家跟爸爸妈妈说一说自己在探究过程中的问题与发现，营造家庭温馨的瞬间，同时让幼儿总结自己的知识经验。

（三）自主行为的激励支持

1. 教师激励要点

"桑葚熟了"是一个充满探究性质的主题活动，幼儿在探究过程中可能会出现无法区别果树、无法独立制作桑葚美食等问题，也可能因为个子小的原因无法成功采摘果实等。为此，教师可以参考下表，给予幼儿一些正面的支持与评价。

教师激励情景、激励要点及激励示范表

激励情景	激励要点	激励示范
在探究过程中，幼儿无法辨认桑葚与树莓的区别，认为是一样的	引导幼儿从多方面对比，运用视觉、触觉、嗅觉、味觉进行感受	宝贝你看看，树莓的颜色和桑葚的颜色有什么不一样呀？闻一闻、尝一尝
在手工制作时，幼儿选择了水彩笔和彩纸以及剪刀和颜料	教师给予鼓励与肯定，询问幼儿的创作动机	你选择了四种材料来制作你的作品，你太有创意啦！你是怎么想到的呀？
在科学操作区，幼儿主动找到另外一名幼儿，想和其共同讨论桑葚的不同制作方式	不要忽略幼儿的想法，鼓励他们继续交流	你们真有想法，可以说说你们为什么想做这个作品吗，它有什么特别之处？
在采摘桑葚时，幼儿想不到怎么样才可以采到高处的桑葚	教师给予提醒与引导，不要直接告知采摘方法	有什么工具能够帮助采到高处的桑葚呢？

续 表

激励情景	激励要点	激励示范
在"果汁吧"角色区扮演时，幼儿佩戴好了小围裙和手套	教师在合适的时机介入，使小朋友投入角色之中	哪位是服务员？今天我想要喝一杯桑葚果汁
在区域活动进行扎染时，幼儿不小心将染料弄在了身上，觉得衣服脏了而感到不开心	教师应及时安抚幼儿情绪，并鼓励继续创作	哇，你给自己做了一件漂亮的衣服，像一个漂亮的花朵，可以再为我做一件吗？
在观察桑葚"宝宝"时，幼儿认为桑葚是红色的，所以绿色桑葚"宝宝"不是桑葚	教师引导幼儿观察桑葚	嗯？是这样的吗？我们可以多观察几天，看下它到底是不是桑葚

2. 家长激励要点

"桑葚熟了"是一个需要幼儿深入社会、生活之中，同时需要家人关爱与支持才能完成的探究活动。为此，在探究的过程中，家长需要给予幼儿在社交及动手方面的鼓励，并有足够的耐心，在孩子探究的过程中提供陪伴。作为家园共育的重要合作对象，家长们可以参考借鉴下表。

家长激励情景、激励要点及激励示范表

激励情景	激励要点	激励示范
在参观桑葚果园时，幼儿不敢向大人询问答案	家长做出示范并耐心引导，让幼儿知道这不是一件很难的事情	来，你看看我会怎么问呢，现在轮到你啦，你也去试一试吧，我会陪着你一起
一起制作桑葚果汁时，幼儿不想动手，认为自己做不出桑葚果汁	家长可以自己先动手，鼓励幼儿一起动手	桑葚可以变成桑葚汁，你愿意当我的小帮手一起把它变成甜甜的果汁吗？
做完桑葚果汁之后，幼儿觉得已经做完了，不想再做了	鼓励幼儿想出不一样的制作方法，并支持幼儿的想法	你已经学会如何制作桑葚果汁啦！那桑葚还能做什么呢？

三、主题活动实施过程

兴趣驱动一：掉落在地上的桑葚到底是什么？

户外活动时发现的果实，引来了一群小朋友的围观与讨论。

"哇，你看，那是什么？是葡萄吗？"天宸指着树上的果子问。

“不对不对，那个不是葡萄，是树莓。”望舒回答道。

“桑葚是什么呀？长得那么像小葡萄。”歆悦问道。

说起“掉在地上的果实”，幼儿对它的认识并不一致。教师带领幼儿进行了一场讨论，大家提出了小葡萄、奇异果、桑葚、树莓等猜测。通过统计发现，认为果实是树莓、桑葚的幼儿居多。

幼儿户外发现桑葚

到底是什么?

蓝莓	香蕉	奇异果	树莓	葡萄
3	1	3	9	8

统计表

开始阶段：认识桑葚，解决幼儿心中的疑问

自主探究：

1. 它是树莓还是桑葚？

它到底是树莓还是桑葚？幼儿提出将两种水果进行对比。幼儿通过尝一尝、看一看、闻一闻的方式，确认出它是桑葚，并发现了两种水果之间的异同点。在观察的过程中，欣妍提出了新的问题：“为什么桑葚的颜色是不一样？有的绿色，有的红色，还有黑色的呢？”

幼儿品尝果实

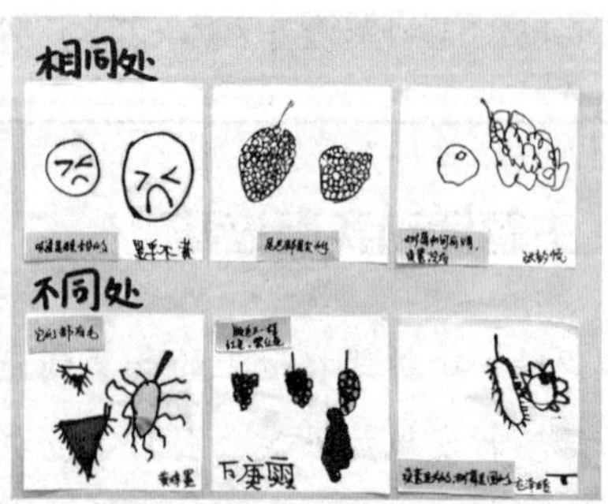

树莓与桑葚的异同表征

2. 为什么颜色不一样?

对于幼儿提出的新问题，教师给予了支持，整合教育资源，从园内、园外资源入手，创设了幼儿自主解决问题的条件。首先，教师利用社会资源开展了亲子实践活动，让幼儿带着问题到桑葚种植园，通过观察、询问的方式找到了答案，知道了桑葚的生长周期是由花到果，再从绿果到红果、黑果的过程，同时也了解了桑葚的生长环境。

接着，教师利用园内资源开展了"标记桑葚'宝宝'"的小组探究活动，带着幼儿来到幼儿园种植园，标记未成熟的绿色桑葚"宝宝"，每天观察、记录，让幼儿验证自己询问的答案是否正确，并记录桑葚成熟过程。

标记桑葚"宝宝"

幼儿记录桑葚的变化

自主反思：掉在地上的果实究竟是什么?针对这个问题，幼儿通过仔细观察它们的外形、特征并品尝味道，知道了树莓与桑葚之间的异同点，对桑葚有了初步印象。接着，通过外出探访、实地观察、采访、记录等方法，幼儿了解到桑葚适应性强、生长环境需要充足的阳光和湿润的土壤等特点，认识了桑葚的生长周期是休眠期、生长期、果实成熟期，知道了果实成熟期是果实从形成到完全成熟的过程。

兴趣驱动二：怎么采摘桑葚?

幼儿看到了桑葚成熟后，迫不及待地对教师说："老师，桑葚都变黑了，我好想去摘桑葚啊！"于是，幼儿带着申请书来到了园长办公室，申请采摘桑葚。但是，要用什么方式进行采摘，幼儿的意见产生了分歧。

发展阶段：采摘桑葚，解决幼儿遇到的问题

自主探究：

1. 用什么工具采摘？

采摘活动开始前，进行了一场“采摘需要什么工具？”的讨论活动：

森森说：“我们戴上手套、篮子，摘好的桑葚可以放在篮子里。”

欣妍说：“那树上高高的桑葚怎么摘啊？我们不够高，只能摘下面的。”

艺涵说：“我们可以带上凳子，这样可以高的地方，也可以摘下来。”

……

在讨论中，幼儿意识到摘高处的桑葚应该使用凳子或梯子等工具。于是，幼儿带着工具来到种植园，他们跳着摘、站在梯子和凳子上摘，发现只能摘到下面的桑葚，高处的果实摘不了。

幼儿探索采摘高处桑葚的工具

自主反思：采摘需要什么工具？有的幼儿认为需要手套和篮子，有的认为还需要凳子。但是，在正式采摘的过程中，孩子们发现即便是站在凳子上，还是只能摘到下面的桑葚，高处的果实摘不了。

2. 高处的桑葚怎么摘下来？

怎样才能把高处的桑葚摘下来？幼儿遇到了新的问题，面对这个问题，大家经过讨论得知，需要找一个比梯子还要高的棍子，把高处的桑葚用棍子敲下来。于是，他们便开始行动了，在幼儿园的各个角落寻找棍子，同时也询问了教师、保安叔叔等。

第一次尝试：在幼儿园竹子林，幼儿找到了小棍子，尝试后发现棍子不够长。

第二次尝试：询问了保安叔叔，拿到了更长的棍子，尝试后发现还是不够长。

第三次尝试：两根都不够长怎么办？天宸说：“要不，我们把两根棍子绑在一起，应该就够长了。”于是幼儿找到绳子将两根棍子绑在了一起，加长了棍子的长度，成功把桑葚摘了下来。

寻找采摘工具　　幼儿一起采摘桑葚

自主反思：怎样才能把高处的桑葚摘下来？孩子们纷纷开启了尝试：在第一次尝试后，孩子们发现棍子不够长；在第二次尝试后，孩子们发现棍子还是不够长；在第三次尝试时，天宸建议将两根棍子绑在一起。于是，幼儿在将两根棍子绑起来后，成功把桑葚摘了下来。

3. 谁采摘的桑葚更多？

采摘活动结束后，在回教室的路上，幼儿一路都在讨论自己采摘的桑葚，都觉得自己摘的更多。于是，教师带领幼儿一起进行统计活动，在统计活动中，有的孩子直接点数，将采摘的桑葚一个一个拿出来数；也有幼儿将桑葚都倒出来，采用排列点数的方式清点；甚至有幼儿为了更快得到答案，采用了十个十个数的方式。活动结束后，大家一起分工合作，一起清洗、品尝，开心地讨论着自己在采摘过程的故事和自己的发现，品尝着自己辛勤的劳动成果。

一起合作记录桑葚数量

桑葚采摘统计表

兴趣驱动三：桑葚吃不完，还可以做什么？

采摘活动结束第二天，幼儿对于吃桑葚的热情并没有消退，都在说着剩余的桑葚可以怎么吃。对于桑葚的吃法，幼儿有着不同的看法，有的孩子说可以直接榨果汁，有的孩子说可以晒成桑葚干，还有孩子说可以酿桑葚酒等。基于幼儿对桑葚美食制作的兴趣，教师带领幼儿分组进行了桑葚美食制作活动。

高潮阶段：制作桑葚美食，提升幼儿的知识经验

自主探究：还可以怎么吃桑葚？

1. 制作桑葚果汁

桑葚果汁的制作开始了，孩子们忙得不亦乐乎，有的幼儿负责挑选桑葚，有的幼儿负责清洗桑葚，有的幼儿负责用榨汁机榨汁，还有的幼儿负责分发桑葚汁。在分发桑葚果汁时，孩子们发现手帕都被桑葚果汁染成了紫红色，这真的是太神奇了。于是，结合幼儿的发现，教师在美工区创设了扎染纺和“果汁吧”角色区。在扎染纺里，幼儿尝试用桑葚果汁染布，感受染布的魅力。

幼儿发现桑葚会染色

幼儿尝试用纸留色

自主反思：在分享桑葚果汁时，有的孩子发现了手帕都被桑葚果汁染成了紫红色。于是，结合幼儿的发现，教师在美工区创设了扎染纺，满足幼儿的探索欲望。幼儿利用区域活动时间，尝试用桑葚果汁染布，感受染布的魅力。

2. 制作桑葚干

第二组幼儿负责制作桑葚干，关于怎么制作桑葚干，幼儿提出了在太阳下晾晒的方法，这能看出幼儿生活中的经验在这里得到了迁移，于是晒桑葚干的行动就开始了。

第一次尝试：幼儿一起清洗桑葚，并将桑葚晾晒至操场，但是晒至三天结束后，幼儿发现桑葚发霉、有异味。

第二次尝试：尝试失败后，奕心说："肯定是晚上没有太阳，所以桑葚发霉了，要不我们像妈妈烤面包一样，用烤箱直接把桑葚烤干吧。"于是，幼儿开始第二次尝试，使用烤箱烤桑葚，最后，幼儿成功制作了桑葚干。

幼儿合作共同晾晒桑葚

自主反思：制作桑葚干的时候，孩子们发现桑葚发霉了，为什么会这样呢？有的孩子立刻联想到了自己的生活经验，认为是晚上没有太阳，所以桑葚发霉了，并提出像妈妈烤面包一样，用烤箱直接把桑葚烤干的方法。就这样，孩子们在第二次尝试后，终于成功制作好了桑葚干。

3. 制作桑葚酒

在制作桑葚干的过程中，恺馨说："桑葚还可以做桑葚酒，我爸爸特别爱喝。"许许说："我爸爸也爱喝，我还喝过一点点。"……教师发现幼儿对制作桑葚酒产生了兴趣。于是，恺馨带着感兴趣的孩子共同制作了桑葚酒。制作过程中，教师利用泡制桑葚酒需要两个月才能开封的时间周期，在教室角落创设"桑葚酒倒计时"的区域，让幼儿的学习在真实环境中得以延续。

一起观察桑葚酒的变化

桑葚酒放置诱导角

4. 亲子桑葚美食分享会

随着时间的推移，幼儿对桑葚的感情日益深厚，在他们眼中桑葚就是最美味的食物。桑葚除了能做桑葚果汁、桑葚干、桑葚酒之外，还有很多的加工、制作方法。为此，教师、幼儿、家长共同举行了“亲子桑葚美食分享会”，大家穿着自己最美的服装走红毯，在分享会共享亲子制作的桑葚美食，有桑葚饼干、桑葚蛋糕等。随着美食分享会的结束，幼儿和桑葚的故事也告一段落，等到明年五月，新故事也将继续延续……

四、主题活动实施反思

（一）对主题活动开展过程和效果的反思

本次活动起源于幼儿对“这究竟是什么果实？”的小小的好奇心，跟随着孩子的兴趣与疑问，教师与孩子们一同参加了探索桑葚的摘法、多样化的桑葚美食制作等活动，并且举办了相关的分享会，整个主题活动深深地吸引着幼儿。虽然桑葚主题活动的开展取得了一定的效果，但活动内容还可以进一步丰富。例如，可以增加一些关于桑葚文化、桑葚产业发展等方面的内容，让幼儿更全面地了解桑葚的有关知识。同时，也可以增加一些互动性强、趣味性强的活动环节，提高幼儿的积极性和参与度。生活即教育。桑葚探索活动之旅结束了，但幼儿意犹未尽。他们在活动中不仅增长了知识，也感受到了成功的快乐。

（二）对幼儿自主发展的反思

在“桑葚熟了”这一主题活动中，幼儿取得了显著的自主发展。在自主态度方面：幼儿全程带着“我可以”“我试试”“让我来”的积极态度进行探究活动，每个孩子都充满干劲；在自主认知方面：幼儿通过观察、记录、思考、总结，对桑葚由陌生转变为熟悉，对桑葚的外形、颜色、味道等有了深入的了解；在自主行为方面：在采摘桑葚的过程中，幼儿展现了较强的动手能力和团队协作能力，他们分工合作，共同完成任务。最后，在制作桑葚美食的环节中，幼儿充分发挥想象力和创造力，制作了多种美味的桑葚美食。一切不确定的答案，在这群小哲学家的小脑袋里都有了答案。

（三）对教师教育行为的反思

教师在主题开展的过程中，鼓励幼儿大胆学习与尝试，坚定地支持幼儿，帮助他们成为自己想象中的样子，教师与幼儿实现了共同成长。同时，在制作桑葚美食时，幼儿提出了主题活动预设之外的内容——制作桑葚酒。为满足幼儿内在驱动的探究行为，教师及时“看见幼儿”，调整探究方向，支持幼儿制作桑葚酒，同时在环境上给予了幼儿互动、观察的机会。

五、整理课程资源

“桑葚熟了”课程资源表

适用年龄阶段	4~5岁幼儿（中班）
幼儿获得的发展	幼儿通过主题活动，对桑葚的生长周期、营养价值、食用方法等方面有深入的了解，提高了幼儿动手能力、观察能力，培养了幼儿的合作精神。通过发现问题、解决问题，幼儿体验到了成功的喜悦，同时体会了劳动的乐趣
资源的开发与利用	社区资源：户外桑葚美食分享会的场地
主题生成点	制作桑葚酒
推荐书目	教师：《3—6岁儿童学习与发展指南》《小小探究家：幼儿园项目探究活动》《幼儿园生活化课程：回归传统、自然与本真. 中班. 上册》等； 幼儿：《老桑树和蚕宝宝》《立夏·摘桑葚》《五月》等
特别建议	开展该主题需保证园内或社区有桑葚资源

中班："停车场"改造记

邱奕　陈佩茵　唐鸿雁

一、主题活动说明

（一）主题活动缘起

在一次户外活动中，小朋友们发现幼儿园"停车场"的车辆摆放凌乱，有些车子没放进车架里。经过幼儿的讨论，他们觉得幼儿园的"停车场"应该改造一下。就这样，幼儿园"停车场"乱停车的问题激发了幼儿想要改造幼儿园"停车场"的愿望。《3—6岁儿童学习与发展指南》中提出，要尊重和保护幼儿的好奇心和学习兴趣，从幼儿的兴趣出发，为幼儿的学习与发展创造条件和机会。幼儿园"停车场"的改造不仅可为全园幼儿提供便利，而且幼儿通过参观小区停车场获得关于停车场的相关知识，如停车位的长度、形状、编号、分类等，培养其发现问题的能力及社会交往能力。于是，结合幼儿园和小区的教育资源，我们跟随孩子的兴趣与疑问展开了"停车场"的探索之旅。

（二）主题活动目标

在整个主题活动的过程中，幼儿始终都热情地投入，乐意与同伴交流探索过程及结果，并积极动手、动脑解决问题，社会交往及自主探究、自主解决的能力在不断提高。教师抓住教育契机，以驱动性问题为导向，激发幼儿的好奇心和主动探索的欲望，助推主题探究活动的开展，促进幼儿的自主思考和合作探究。"'停车场'改造记"主题活动中班幼儿发展目标具体见下表。

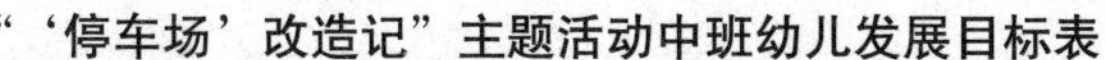

“‘停车场’改造记”主题活动中班幼儿发展目标表

总目标	具体目标
自主学习（重点发展）	1.愿意接触新事物，了解停车场构造及特点，能提出与自己周边事物相关的问题。 2.运用多种方法改造停车场，并学会观察遇到的实际问题，愿意动手操作。 3.能自主进行观察并提出问题，大胆猜测答案并验证答案。 4.对发现的事物和现象进行观察和比较，愿意用图画和符号表达自己的愿望和想法
自主生活	1.愿意并主动参加群体活动，感受改造、维护停车场的乐趣。 2.积极参加停车场主题活动的探索，乐意与同伴交流探索过程和结果
自主创造	1.能把自己观察到或想象的停车场，主动运用绘画、手工制作等方式表达出来。 2.能够在生活的环境中主动发现停车场的不同形态和特征

（三）主题活动资源

《幼儿园教育指导纲要（试行）》中提出：“幼儿园应与家庭、社区密切合作，与小学相互衔接，综合利用各种教育资源，共同为幼儿的发展创造良好的条件。”因此，在主题活动探究过程中，教师积极地将课程资源转为学习资源，如幼儿园“停车场”、搭建“停车场”雨棚等。

主题活动开展所需的资源表

类型	名称	内容
人力资源	园内资源	教师、幼儿
	园外资源	父母、爷爷、奶奶等
物质资源	园内资源	玩车区“停车场”活动场地以及各种车辆；改造工具、测量工具、装饰材料、搭建材料等
	园外资源	小区及社会不同类型的停车场
文化资源	园内资源	户外场地管理制度
	园外资源	参观小区停车场
信息网络资源（辅助资源）	可使用的工具	百度网络平台　希沃电视
	可下载的资源	停车场图片
	幼儿可使用的新技术	电子停车技术

二、主题活动实施设计

（一）主题活动结构及发展线索

阶段	核心问题	线索
开始阶段	停车场是什么样子的？	兴趣驱动：幼儿园的停车场怎么了？
		自主探究：向物业申请；小区里的停车场是什么样的？
		自主反思：如何改造停车场？
发展阶段	怎么改造停车场？	兴趣驱动：停车场怎么改造？
		自主探究：怎么设置停车位？停车线怎么了？用油漆可以画线吗？车怎么又乱了？
		自主反思：改造后的停车场怎么样？
高潮阶段	怎么搭建雨棚？	兴趣驱动：停车场被雨淋湿了怎么办？
		自主探究：绘制雨棚设计图；雨棚的尺寸知多少；搭建雨棚，怎么把雨棚固定在停车位上呢？怎么我的车又湿了？
		自主反思：哪些是适合停车场的雨棚？

"'停车场'改造记"主题活动结构及发展线索

开始阶段："认识停车场"第一阶段，通过观察幼儿园"停车场"脏乱、老旧等现象，并实地参观小区停车场，幼儿丰富了关于停车场的空间认知经验，同时提升了分析问题的能力。

发展阶段："改造停车位"第二阶段，幼儿在第一阶段了解停车场的构造等基础上，通过观察、比较、测量、对比、操作等方式改造幼儿园停车场，感受改造、维护停车场的乐趣，其动手能力与探究、解决问题的能力得到了提升。

高潮阶段："搭建雨棚"第三阶段，改造完后，幼儿发现停车场的车湿了。为此，幼儿通过绘制雨棚设计图、测量雨棚的尺寸、尝试搭建雨棚并固定雨棚，其发现问题、解决问题的能力得到有效提升。

（二）自主环境创设

1. 自主物质环境

（1）室内物质环境

班级自主物质环境创设结合停车场的元素，打造一个充满自然、探索与乐趣的空间。根据班级空间大小，教师合理规划与停车场相关的基础区域，秉持区域创设安全性、互动性、教育性、美观性的原则，创造出一个既美观又富有教育意义的环境，激发幼儿探究停车场改造的兴趣，让他们在快乐的学习中了解和探索停车场的奥秘。

（2）基础区域设置及材料投放

美工区：

创设思路：美工区作为孩子们发挥创造力和想象力的空间，应提供充足的材料和工具，同时考虑到停车场改造的主题活动，可以引导孩子们利用废旧材料制作停车标志、车辆模型等。

材料投放：绘画材料（颜料、画笔、纸张）、废旧材料（瓶盖、纸箱、塑料瓶）、胶水、剪刀、双面胶、尺子、停车标志模板等。

积木区：

创设思路：根据停车场改造的主题活动，在积木区设计一个停车区域让孩子们模拟停车、规划车位等。区域可以搭建停车格、交通标志、入口和出口等，让孩子们在模拟的环境中体验和学习。

材料投放：小型车辆模型、停车格地垫、交通标志模型（如停止、慢行、转弯等）、模拟道路材料（如塑料跑道）、入口和出口标志等。

积木区搭建停车场

语言区：

创设思路：结合停车场改造的主题活动，从多个角度入手，提供包含图书、角色扮演道具、视听材料等资源，使语言区既富有教育意义又充满趣味性，让幼儿在阅读中了解停车场的相关知识，在听的过程中感受停车场的魅力。

材料投放：

① 图书资料：投放与停车场相关的绘本、科普读物等。

② 视听材料：播放与停车相关的故事音频等。

操作区：

创设思路：结合停车场改造的主题活动，投入相关材料，鼓励幼儿在探索和学习中深入了解停车场的规则。

材料投放：吸管创意拼插、形状拼插条、停车场模型、磁力片等。

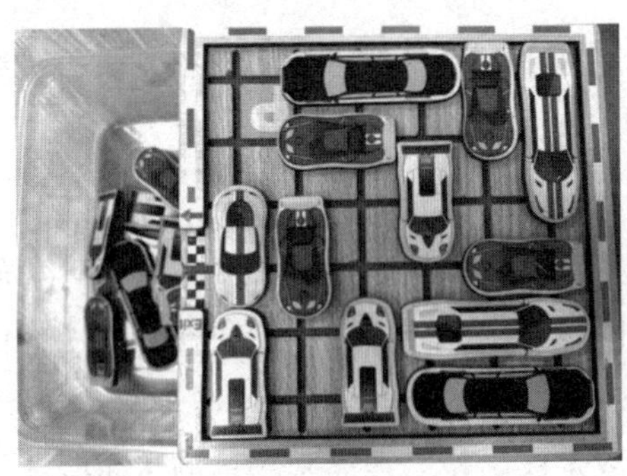

停车场

幼儿用吸管积木拼停车场

（3）主题区域设计

创设思路：根据停车场改造的主题活动，在诱导桌装饰一个小型的停车场，让孩子们在模拟的环境中体验和学习。

材料投放：小型车辆模型、停车格（即时贴剪线）、交通标志模型（如停止、慢行、转弯等）、模拟道路材料（如塑料跑道）、入口和出口标志等。

（4）家园互动区

创设思路：设置家园互动区，让家长和孩子一起参与停车场改造的创意设计。这个区域可以展示孩子们的作品和家长的反馈，促进家园之间的沟通和合作。

材料投放：幼儿的作品。

家园互动停车区域

2. 自主心理环境

（1）设置停车场展示架，幼儿可以在这个地方展示制作的车辆模型以及喜欢的玩具车辆，并为停车场增添标识等，同时幼儿可以分享自己的想法，与教师进行温馨的交流。

（2）设置停车场游玩桌，让孩子跟爸爸妈妈一起体验布置停车场的快乐，营造欢快的家庭氛围。

（三）自主行为的激励

1. 教师行为激励要点

"'停车场'改造记"是一个富有探究意义的主题活动，教师在评价时需要以倾听为基础，关注幼儿在主题活动探索过程中的表现。具体激励情境、要点和示范可参考下表。

教师激励情境、激励要点及激励示范表

激励情境	激励要点	激励示范
教师发现幼儿主动表达想要自主阅读的意愿	神情专注、认真倾听	你今天在语言区阅读了一本关于停车场的书，你看得非常认真，同时还提出了很多问题，老师很开心
幼儿在美工区绘画参观小区停车场时的所见	孩子在描述自己作品时，肯定幼儿的创新力、想象力，同时提供支持	你画了一些注意事项，用了很多小星星和注意符号来告诉大家在停车场时要注意安全，你的安全意识和自我保护能力都很强。老师觉得你的想象力很丰富

续 表

激励情境	激励要点	激励示范
幼儿在班级分享学习到的新知识	注意孩子表达想法时的语言表达能力和清晰度	当我们讨论如何搭建雨棚时，你分享了在家与爸爸妈妈查找到的资料，还用简单的话解释给小伙伴们听，你的表达能力和分享精神让老师为你感到骄傲和自豪

2. 家长激励要点

家庭是幼儿感到安全的环境，幼儿在家庭中时常可以轻松地表达自己真实的感受。在“‘停车场’改造记”主题活动开展的过程中，幼儿需要自然地表达出自己的想法。幼儿在家庭周边环境中是更容易了解停车场，家长的支持有助于他们更细心地观察停车场的环境，并且愿意积极地表达出来。在活动过程中，家长能否提供适当的评价，同样会影响幼儿在幼儿园里表达他们对停车场的观察与发现。为此，家长可参考下表。

家长激励情境、激励要点及激励示范表

激励情景	激励要点	激励示范
幼儿主动表达自己想要和家人一起阅读	神情专注、认真倾听	你今天和妈妈一起阅读了一本关于停车场的书，听得非常认真，还提出了很多问题，妈妈很开心！
幼儿在家绘画参观小区停车场时的所见	幼儿在描述自己作品时肯定幼儿的创新力、想象力，同时提供支持	你在画参观的小区停车场时，还画了很多注意事项，用了很多小星星和注意符号来告诉大家在停车场游玩很危险，你的安全意识很强，妈妈觉得你的想象力很棒，自我保护能力也很强
幼儿在家和爸爸妈妈分享在幼儿园学习到的知识	注意孩子表达想法时的语言表达能力和清晰度	当我们讨论如何搭建雨棚时，你分享了在幼儿园学到新知识，还用简单的话解释给我们听，你的表达能力和分享精神让我们为你感到骄傲和自豪

三、主题活动实施过程

兴趣驱动一：幼儿园的停车场怎么了？

户外活动时，幼儿发现玩车区停车场的车辆摆放凌乱，还发现有些车子放不进车架里，这引来了一群小朋友的围观与讨论。“这个车没有摆放好，都倒到地上了。”承理指着没有放进车架里的车说。“我上次去玩车的时候，发现三轮车太大了，车位放不下。”亦舒回答道。“我们把它们摆好，过一会儿别人来玩还是会乱。”乔乔说道。“我家小区的停车场就不会这样。”玥宁说道。于是，这个话题引起了小朋友们的讨论。

开始阶段：认识停车场

自主探究：

1. 向物业申请

在对幼儿园的停车区讨论的过程中，有幼儿提到了小区的停车场。即便回到班级，大家仍旧讨论着停车场这个话题。

玥宁：“我知道我家的地下停车场停了很多车，但它们不会乱。”

元祎：“为什么小区的停车场停很多车还不会乱呢？”

沐琪：“我想去看一下小区的停车场。”

经过大家对停车场的激烈讨论之后，有小朋友提出去参观小区内的停车场，紧接着又有小朋友提议去询问小区的物业管理人员，向他们申请参观小区的停车场。于是，第二天，沐琪、芊语、靖云找到小区物业人员询问是否可以进去参观小区的停车场。

幼儿园的停车场

跟随物业叔叔参观小区停车场

停车场里有好多标志

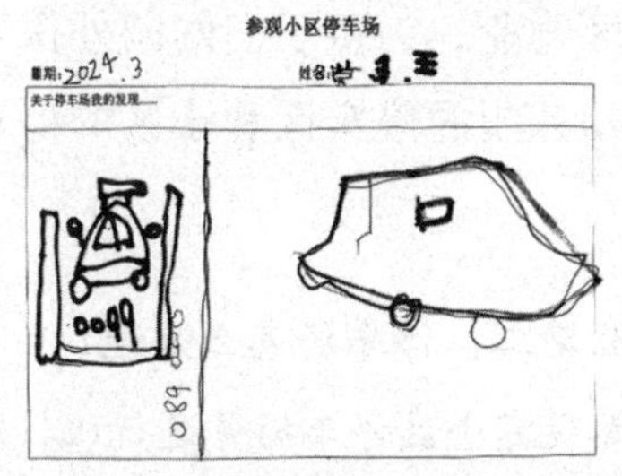

参观小区停车场的记录表

2. 小区里的停车场是什么样的?

征得小区物业的同意之后，小朋友在物业叔叔的带领下，带着自己的问题来到了小区的停车场。

“每一辆车都有一个位置，还有白色的线。”舒苒说。

“叔叔，这个数字是用来干什么的？”沐琪发现了停车位上有数字，问起了物业的管理人员。“这是让车主能知道自己的车停在哪里。”物业人员说。

参观完小区停车场，小朋友们带着自己的发现回到班级，跟同伴分享自己看到的停车场。之后，他们再次来到幼儿园的“停车场”，并将其与小区的停车场进行了比较。

舒苒说：“我们这里的停车场没有线。”

沐琪说：“车的位置没有数字，所以摆得很乱。”

芊语说：“要给每辆车画上车位才可以。”

停车位上还有数字

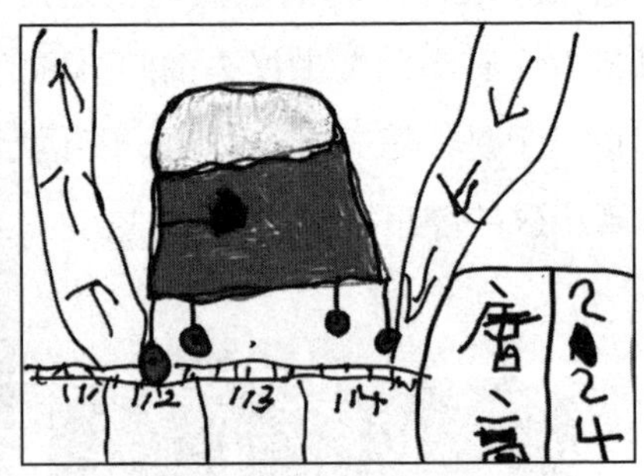

每个车位上都会有编码

自主反思：在幼儿园日常可见的玩车区，善于观察的小朋友们留意到停车场的车摆放凌乱，而且有的车还放不进车架里。据此，小朋友们纷纷思考着如何才能解决这个问题，有小朋友建议可以到小区停车场看一看。就这样，教师联系小区物业，为孩子们的园外探索提供了支持。孩子们在观察比较后发现，原来幼儿园的停车区和小区的停车场有着许多的不同，如没有线、没有数字……

兴趣驱动二：停车场怎么改造?

幼儿参观完小区停车场并进行比较后，迫不及待地对教师说：“老师，我们的停车场应该改造一下，要让所有的车都可以放进去并摆放整齐！”于是，改造

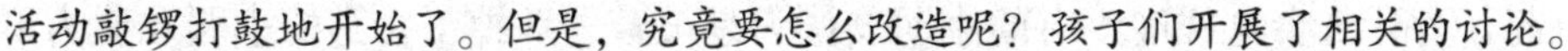

活动敲锣打鼓地开始了。但是，究竟要怎么改造呢？孩子们开展了相关的讨论。

靖云说："我发现小区停车场的地上是有线的。"

睿睿说："小区停车场的车位是长方形的，它刚刚好可以停一辆车。"

汉邦说："停车位的线要画得很清楚才可以。"

于是，幼儿开启了改造停车场的旅程。

发展阶段：改造停车场

自主探究：

1. 怎么设置停车位？

幼儿经过讨论、对比之后，决定根据小区的停车场进行改造：每辆车都要有一个停车位。可是，停车位是用线分出来的，那用什么画线呢？乔乔说："停车场的线是白色的。"龙龙说："上次老师用了白色的纸，从背后撕下来就可以贴在墙上了。"

根据幼儿的想法，教师向他们提供了即时贴。在贴线的过程中，孩子们发现了一个新问题：按照小汽车的大小贴了线，发现三轮车放不进去。"有的车大，有的车小，自行车是最大的。"汉邦说。"那我们试一下最大的吧！"梓晴说。于是，小朋友决定先用卷尺测量好自行车的宽度及长度，再用即时贴把线贴好。通过测量、贴线，小朋友们按照车辆的数量以及车位的大小完成了所有的停车位的画线工作。

合作给停车位贴线

停车位做好了

2. 停车线怎么了？

一个星期过后，在户外进行游戏的梓晴发现上周贴的线，有一些卷到了一起。为什么会这样呢？有的小朋友认为是被鞋子踩掉了；有的小朋友认为可能是有人把它给撕掉了；还有小朋友认为是即时贴不粘啦，所以被风卷到了一起。于是，他们便开始思考其他画线的办法。

昱霖：“我觉得用油漆，因为墙壁就是用油漆刷的。”

亦亦：“我觉得用颜料画线，我们画画的时候都会用。”

梓晴：“用油漆比较好，因为外面的马路上也是用油漆，它可以保持很久。”

在大家发表完看法并投票之后，发现认为用油漆最合适的票数较高。

自主反思：贴好的线究竟怎么了？为什么会翘起来？如何才能画出更好的线？小朋友们思考着一个又一个的问题。在讨论后，小朋友们发现主要是因为即时贴已经没有黏性了，所以才容易被风吹走，而使用油漆来画线应该可以解决这个问题。

3. 用油漆画线

第一次尝试：用油漆画线，线怎么歪了？

找到解决措施后，小朋友们来到幼儿园停车场，准备好油漆及刷子。小亮突然说：“画线需要哪些辅助的工具呢？”靖云说：“可以用尺子，老师那里有一把长长的尺子。”梓晴说：“我知道，还有卷尺，可以拉很长的。”于是，他们回到班级的美工区，寻找到直尺及卷尺并辅助画线。靖云发现：“用直尺放下来比较方便，但是它不好画，而且会画到尺子上，线还是歪的。”梓晴发现：“用卷尺需要两个人拉着，线还是不好画。”乔乔发现：“我们用尺子画的线，怎么还是歪的呢？”

用直尺画线

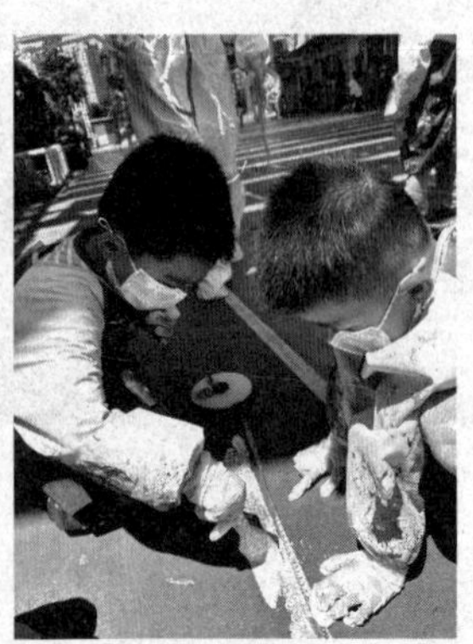

用卷尺画线

第二次尝试：拿一根线涂上油漆，并将线弹在地上，发现画的停车位的线还是歪的，这是怎么回事呢？

在第一种贴线方法以失败告终后，有小朋友提议："我们可以用线来画。"紧接着，另一位小朋友提出了自己的困惑："用线怎么画？"这个新的问题激起了班上其他的小朋友的讨论，有的小朋友认为可以直接把油漆涂到线上印上去，有的小朋友则认为把油漆涂到线上之后将线弹到地上更好。经过小朋友们的讨论，他们决定分组试一试。

"我发现印上去的线不是直直的。"元祎说。"线还要拉得很直才行，但是线上面不是平平的。"龙龙说。"用线弹到地上，要用好大力气。"靖云说。"有时候弹的线是直的，有时候弹的线是歪的。"昱霖说。大家说着自己的发现，最后得知这两种方法都没有办法把停车位的线画得更好。

用毛线印线

用毛线弹线

第三次尝试：停车位终于画好了。通过前面几种方法都没有办法成功画出停车位，小朋友们决定咨询一下物业的工作人员，并观看了画线的视频。最后，小朋友们了解到一个更好的画线方法：用美纹胶贴在要画线的两边，中间空出画线的位置，这样就可以又好又快地把线画出来。

小朋友们发现贴美纹纸需要确定好两边的位置，并要用尺子比好长度，美纹纸之间相隔的距离是5厘米，小朋友决定寻找老师的帮助。靖云问："老师，你可以帮助我们吗？我们需要在每条线上贴上美纹纸。"这时候老师也参与到了幼儿的活动当中，并提议道："那我们试一试比好距离，画一个小标志。"

靖云思考了一下，叫上了他的小组成员，一起用尺子比好距离，用贴纸当作标志，确定好距离之后贴上美纹胶，并在中间刷上油漆。小朋友发现这次画出来的线比前两次的线要更好更直。

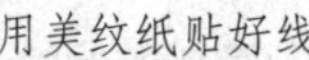
用美纹纸贴好线

中间涂上油漆

改造后停车位

自主反思：画线对于中班的小朋友来说是有一定的难度的，尤其是在小朋友们要求自己画出直线的时候。即便是面对如此困难的问题，小朋友们没有选择放弃，在第一次画歪线后，小朋友们经过讨论，决定采纳靖云的提议——使用尺子画线，但还是没能成功画好白线。第二次小朋友们决定拿一根线涂上油漆，并将线弹在地上，发现画的停车位的线还是歪的，这是怎么回事呢？最后，小朋友们寻求外援，学习画线的技巧，成功画出了停车位。

4. 怎么车又乱了？

经过几天的尝试，小朋友们终于完成了停车位的改造。画好停车位后，小朋友们又发现，车辆摆放还是很凌乱。

皓庭：“车子乱七八糟的，它们的家都找不到了。”

楚祎：“没有标识，车子都不知道往哪里停，也找不到它的朋友。”

伊晗：“有些车不遵守停车规则，到处乱停。”

于是，孩子们争先恐后的担任小记者，进行了一系列的采访与记录，发现停车场的标识及交通标志不够清楚。于是，小朋友们开始在美工区制作车辆标识及交通标志，继续完善停车场。

兴趣驱动三：停车场被雨淋湿了怎么办？

一天户外游戏时，幼儿发现停车场的车都被雨水淋湿了。“车都湿了，我们没办法玩游戏了。”幼儿说。听到幼儿的讨论，教师提出了问题：“有什么办法可以不让车被淋湿？”幼儿根据自己的生活经验讨论出可以放雨伞，但是雨伞没有那么大。“那我们是不是可以搭一个大大的雨棚，跟外面小摊一样的。”芊语说。于是，他们开始尝试搭建雨棚。

高潮阶段：搭建雨棚

自主探究：

1. 绘制雨棚设计图

当小朋友们提出搭建雨棚的想法之后，关于搭建什么样的雨棚更合适的讨论开始了。

皓庭说：“我觉得要像雨伞一样的，下面有根长长的柱子。”

昱霖说：“应该像外面小摊车一样的雨棚，它是长方形的。”

舒苒说：“我们的停车场是长方形的，雨棚要长方形的才可以。”

于是，小朋友们寻找身边的雨棚，观察各种雨棚的形状以及构造。观察完身边的雨棚，便开始绘制雨棚的设计图。小朋友们发现设计图太多，不知道选谁的好，最后大家决定以投票的方式确定雨棚的设计图。

绘制雨棚

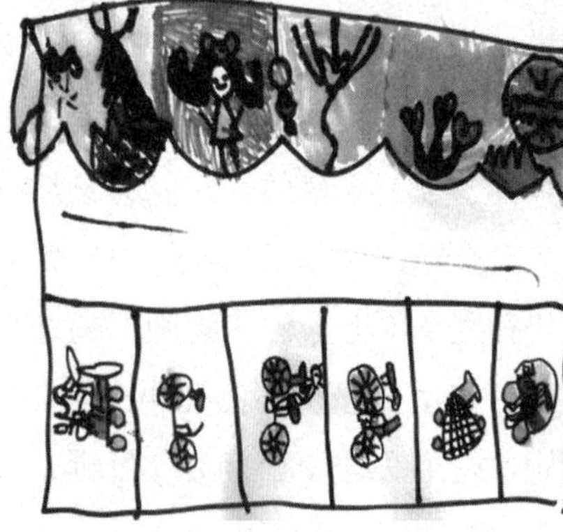
投票表决

2. 雨棚的尺寸知多少

设计图确定了，那雨棚要做多大呢？新的问题又出现了，小朋友们讨论后决定去量停车场的尺寸，以确定雨棚的大小。

龙龙说：“我用木条来测量，看看需要搭多长的雨棚。”

一一说：“我用大型积木测量，用了20根积木。”

琪琪说：“我用卷尺试一下吧！”

寻找到各种测量工具之后，小朋友分组对停车场进行了测量。梓晴说：“这个雨棚要比我高，也要比车高。”芊语说：“如果不比车高，就会挡住车，我们就玩不了啦。”小朋友发现雨棚的高度是要比车高的，但是他们测量不到那么高，怎么办呢？乔乔说：“我们可以踩椅子。”靖云说：“老师站在这里刚刚好，我们可以问问老师有多高。”

用亿童积木测量停车位

用PVC管测量停车位

3. 搭建雨棚

为了搭建好雨棚，小朋友开始寻找适合搭建的材料：亿童搭建材料、PVC管子。用亿童搭建材料搭建雨棚的小朋友发现管子不够长，而且用了它之后其他小朋友下次来到这里玩游时就没有游戏材料了。于是，小朋友们决定收集PVC管子，尝试用它们当支架。

但是，收集回来的管子有的太长了，怎么办？"我们可以找保安叔叔帮忙，帮我们把它弄短一点。"嘉珩说。于是，小朋友在保安的帮助下完成了PVC管子的裁剪。接下来，小朋友又发现新的问题：这些管子应该怎么拼接，才能组成一个长方形的支架。

玥宁说："我们用透明胶把它们粘到一起。"

嘉珩说："可以用绳子绑到一起。"

鑫智说："可以像我们班上麦当劳的架子一样。"

小朋友根据提出的想法进行了尝试，发现：透明胶粘不稳，而且不好看；用绳子绑不稳固，容易倒，而且绳子容易掉；如果像麦当劳的架子那样需要找到合适的连接头才可以。最后小朋友通过爸爸妈妈的帮助在网上买到合适的连接头。安装过程中，小朋友发现雨棚太高了，他们无法组装。于是小朋友找到老师帮忙，完成了雨棚的搭建。

尝试拼接PVC管

请幼儿园的黎叔叔帮忙

4. 怎么把雨棚固定在停车位上呢？

雨棚搭建好了，可是怎么固定在停车位上呢？小朋友又发现了新的问题，如果雨棚不固定好，被风一吹就容易倒，不安全。

舒苒说："我们可不可以把它绑在围栏上？"

晴晴说："我们用石头把它固定住。"

通过尝试、对比，幼儿发现把雨棚绑在围栏上更安全。

5. 怎么我的车又湿了？

雨棚搭建完成之后，小朋友发现他们用桌布做的棚顶，还是会漏水，一下雨车还是会湿，这是怎么回事呢？小朋友猜想，是不是换块布就好了呢？那换什么样的布会更好呢？教师带着小朋友寻找幼儿园各种各样的布料，进行了一次科学的小组实验活动。通过这个实验，小朋友发现：美术室的画布是防水的，适合当作雨棚的棚顶。

寻找布料做实验

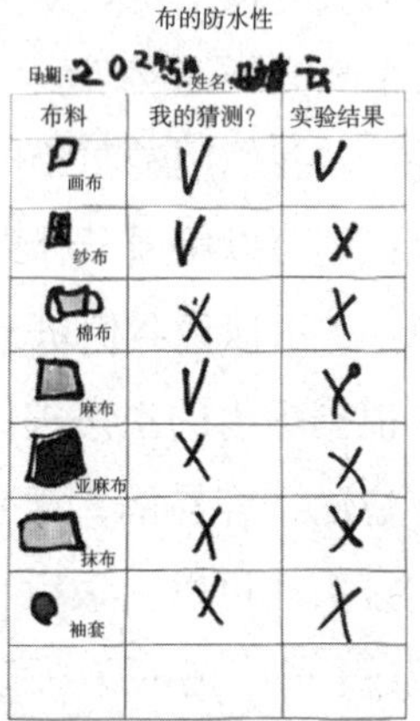

布的防水性

日期：　　姓名：

布料	我的猜测？	实验结果
画布	√	√
纱布	√	×
棉布	×	×
麻布	√	×
亚麻布	×	×
抹布	×	×
袖套	×	×

实验结果

"停车场"的雨棚完成

自主反思：当孩子们在探究"停车场"的雨棚选择用什么材料来搭建时，

为了搭建出一个完美的、能挡雨的雨棚，他们先用卷尺测量停车位有多长、多宽、多高，根据测量结果用PVC管子搭建出适合"停车场"的雨架。不仅如此，孩子们还在幼儿园的每个角落寻找能防水的布，对寻找到的布一一进行实验，看哪一种材质的布适合做棚布，通过实验得出：画布跟雨布一样最适合用来做棚布，因为只有画布防水，其他的布料都不防水。

四、主题活动实施反思

（一）对主题活动开展过程与效果的反思

1. 主题活动目标的达成情况

回顾整个主题活动的实施过程，我们成功地引导孩子们了解了停车场的基本功能、设计要素以及环保理念，达到了预设的主题目标。孩子们通过实践活动，不仅学习了知识，还培养了观察力、创造力和团队协作能力。

2. 实施过程中的改进空间

在实践操作中，我们发现部分孩子对停车场设计的细节理解不够深入。未来，我们可以增加更多的实地参观或模拟实验活动，让孩子们有更直观的感受。

在材料选择上，虽然我们已经提供了丰富的材料供孩子们选择，但仍有部分材料存在安全隐患或不适用于幼儿操作。接下来，我们需要对材料进行更为严格的筛选和评估。

3. 主题活动设计的调整建议

考虑到孩子们的年龄特点和认知水平，我们可以在主题活动设计中增加更多趣味性元素，如角色扮演、小游戏等，以吸引孩子们的注意力。同时，我们也可以适当增加活动的难度和挑战性，以满足不同能力水平孩子的发展需求。

（二）对幼儿自主发展的反思

1. 孩子们在主题活动中的表现

孩子们在主题活动中表现出了浓厚的兴趣和高度的参与性，他们积极提出自己的想法，与同伴合作完成设计任务。通过观察和实践，孩子们在创新思维、团队协作和问题解决能力等方面都有了明显的提升。

2. 发展不足的原因及调整策略

对于部分在主题活动中表现不突出的孩子，我们需要深入了解他们的兴趣点和学习方式，为他们提供更加个性化的引导和支持。在后续的教育教学工作中，我们可以根据孩子们的发展情况，调整教学策略和方法，以更好地促进他们的全面发展。

（三）对教师教育行为的反思

1. 值得肯定的教育行为

在主题活动实施过程中，教师积极关注孩子们的情感体验和学习过程，为他们提供安全、温馨的学习环境。同时，教师注重与家长的沟通和合作，共同关注孩子们的成长和发展。

2. 需要完善和提升的方面

在环境创设方面，教师可以进一步丰富和更新教学资源，为孩子们提供更多样化、层次化的学习体验。

在家园共育方面，教师可以加强与家长的交流和合作，共同策划和组织更多有意义的亲子活动。

在教师评价方面，教师可以建立更加科学、全面的评价体系，关注孩子们在知识、能力、情感态度等多方面的表现。同时，教师也要注重评价的及时性和针对性，为孩子们提供更加具体、有效的反馈和建议。

五、整理课程资源

“‘停车场’改造记”课程资源表

适用年龄阶段	4~5岁幼儿（中班）
幼儿获得的发展	在参与停车场主题探究活动的过程中，幼儿对停车场有深入的了解，知道停车场里有什么。通过发现问题、解决问题，幼儿的动手能力、观察能力、合作能力得到了提升
资源的开发与利用	小区内：绘制电动车停车线
主题活动生成点	改造玩车区停车场、搭建雨棚
推荐书目	教师：《3—6岁儿童学习与发展指南》《小小探究家：幼儿园项目探究活动》《幼儿园生活化课程：回归传统、自然与本真. 中班. 上册》等； 幼儿：《奇妙停车场》《堵车了》《创意拼搭：幼儿园建构游戏方案. 中班》
特别建议	开展该主题活动需保证幼儿园内有玩车区或幼儿园附近有停车场资源

大班：趣玩沙水

易柏余　郑雨恬

一、主题活动说明

（一）主题活动缘起

沙子对孩子们来说，似乎有一种无法抗拒的魔力。一到户外活动时间，孩子们便撒欢地奔向玩沙区，今天也不例外。与往常有些不同的是，家伟、荣笙、泽浩一起合作挖的沙池迷宫吸引了大家的注意。柏熙跑过来问："你们挖的是迷宫吗？"家伟点点头说："是呀，你看这里是入口，要不要来挑战一下？"就这样，越来越多的孩子过来围观沙池迷宫。以勒说："我觉得这个迷宫太简单了，我能设计一个更难的迷宫，有机关和陷阱的。"嘉婉说："还有可怕的食人花机关！"于是，孩子们开启了一场关于沙池迷宫的探索之旅。

（二）主题活动目标

"趣玩沙水"主题活动大班幼儿发展目标见下表。

"趣玩沙水"主题活动大班幼儿发展目标表

总目标	具体目标
自主学习（重点发展）	1.愿意与他人讨论问题，并能有序、连贯、清楚地讲述一件事情。 2.学会主动探索和发现沙水游戏中遇到的问题，并积极尝试解决问题。 3.在探索沙水迷宫中收获成功和喜悦。 4.能在挖沙池迷宫后进行比较、分析，以及描述迷宫引水前后的变化。 5.在探索过程中对行为产生的结果具有自主判断能力，并有归因的能力。 6.能动手实践，发现沉浮的物理现象

续 表

总目标	具体目标
自主生活	1.能认真负责且独立地完成自己所接受的任务。 2.在沙水迷宫探索活动中积极参与，能主动出主意，并想办法解决问题。 3.在挖沙池迷宫时能主动承担任务，遇到困难能够坚持，不轻易求助。 4.与别人看法不同时，敢于坚持自己的意见并说出理由
自主创造	1.思维流畅、独特、敏捷，动手能力强，能通过多种形式表现和创造迷宫。 2.在游戏中有丰富的想象力和创造力，具备一定的艺术表现能力

（三）主题活动资源

主题活动资源是丰富多样的，教师除了在游戏中给予幼儿适当的引导和帮助，还要充分挖掘园内和园外的物质资源，这些资源能为孩子们的沙水主题活动探究提供广阔的空间和无限的可能性，具体资源见下表。

主题活动开展所需的资源表

类型	名称	内容
人力资源	园内资源	教师：游戏中提供帮助以及材料的支持。 仓库管理员：询问游戏中需要的材料并协助寻找。 保安叔叔：协助搬运比较重的物品以及拼接水管
	园外资源	家长：带幼儿去沙滩感受沙子的特性，让幼儿感受和探索各种各样的迷宫以及了解生活中常见的防水材料。 儿童公园管理员：介绍儿童公园中的大型迷宫的特点
物质资源	园内资源	户外：玩沙区、玩水区。 材料：挖沙工具（桶、盆）等水管、PVC管、木片、水车、水泵、KT板、塑料积木、木头积木、塑料膜、桌布、颜料、宝石、石头、户外体育器械、雨靴、防水罩衣
	园外资源	沙滩、红树林迷宫、儿童公园
文化资源	园内资源	关于迷宫的绘本和迷宫玩具
	园外资源	迷宫绘本、迷宫玩具、手机迷宫游戏、电脑迷宫游戏
信息网络资源（辅助资源）	可使用的工具	手机、希沃、电脑
	可下载的资源	图片、视频
	幼儿可使用的新技术	利用网络查询需要了解的信息（比如：哪些布可以防水？）

二、主题活动实施设计

（一）主题活动结构及发展线索

阶段	问题	线索
开始阶段	怎样挖一个有难度的沙池迷宫？	兴趣驱动：怎样设计沙池迷宫？
		自主探究：设计迷宫—选择材料—分工合作
		自主反思：如何加固沙池迷宫呢？
发展阶段	怎样加固沙池迷宫？	兴趣驱动：选择怎样的工具给沙池引水？
		自主探究：引水—失败后更换引水工具—分组合作引水
		自主反思：寻找引水失败的原因
高潮阶段	沙池迷宫怎么玩？	兴趣驱动：尝试不同的玩法
		自主探究：选择不同的材料，制定不同的玩法规则
		自主反思：游戏中选择的材料不合适怎么办？

"趣玩沙水"主题活动结构及发展线索图

开始阶段："趣玩沙水"第一阶段，基于幼儿户外活动时看到同伴挖沙池迷宫引发的兴趣"怎么样挖一个有难度的沙池迷宫？"开展。幼儿共同讨论并分组设计出了不同的沙池迷宫，通过投票的方式确定了设计图并开始实施。幼儿在探究中迁移自己已有的经验，学会与同伴分工、合作，提高效率。

发展阶段："趣玩沙水"第二阶段，幼儿在第一阶段挖出了沙池迷宫，但是在挖的过程中，发现了沙很容易散，迷宫不牢固，于是想出了不同的方法对迷宫进行加固，体现了幼儿遇到问题会积极思考，寻找解决办法。当引水不成功时，幼儿通过查阅资料了解不同的防水材料，丰富了幼儿在猜想、比较、验证方面的经验。

高潮阶段："趣玩沙水"第三阶段，沙池迷宫加固成功后，幼儿大胆想象并尝试不同的玩法，并且在游戏的过程中优化游戏规则，增强了规则意识。当纸船被水打湿沉下去之后，幼儿学习、了解了沉浮等科学知识，选择用塑料物品来代替纸船。在探究中，幼儿通过大胆猜测、验证，培养了专注、乐于探索、勇于挑战以及发现问题、分析问题、解决问题的学习品质。

（二）主题环境创设

1. 自主物质环境

结合幼儿的问题以及兴趣，班级自主物质环境创设以迷宫为主题，教师在不同的区域投放关于迷宫的不同材料，打造一个宽松、自主的游戏环境，进一步加深幼儿对迷宫的认知，同时也为幼儿提供一个表达、分享的空间，持续引发幼儿的兴趣。

（1）基础区域

操作区：

创设思路：在常规材料投放的基础上，结合幼儿对迷宫的兴趣，投放各种关于迷宫的操作材料，包括柜面和墙面，打造一个具有探索性和操作性的空间。在这里，幼儿可以通过操作不同的材料感知不同的迷宫，同时，教师提供不同层次的挑战，满足幼儿不同的兴趣和需求，帮助幼儿在游戏中逐渐提升解决问题的能力。

材料投放：

操作材料：迷宫拼图、磁铁迷宫、多米诺骨牌、墙面迷宫游戏板、3D立体迷宫走珠、迷宫球滚珠、迷宫路线图。

辅助材料：磁力珠、磁力棒、毛球、吸管、扭扭棒、桌面积木（各种图形）。

积木区：

创设思路：结合迷宫的元素，投入相关的材料，如积木、纸盒、奶粉罐、纸板、动植物模型、数字模型等。同时，幼儿还可以使用一些特殊的材料或机关，如磁铁、滑轨等，增加游戏的互动性和趣味性。幼儿通过搭建迷宫丰富了搭建经验，并增强了沟通、分工与合作能力。

材料投放：

操作材料：各种积木、奶粉罐、纸盒。

辅助材料：迷宫图纸、动植物模型、数字模型、人物模型、磁铁、轨道、纸板。

语言区：

创设思路：结合迷宫的元素，投放各种类型的迷宫书籍，在丰富幼儿对迷宫的认知的同时激发幼儿的好奇心和探索欲望。

材料投放：

绘本：《勇闯大迷宫》《安全大迷宫》《神秘的大脚印》《专注力迷宫训练8+2》《迷宫大冒险》《迷宫大侦探皮埃尔》等。

（2）主题区域

玩沙区：

创设思路：结合幼儿对迷宫的兴趣，提供可以搭建迷宫的相关材料，打造一个既有趣又具有挑战性的玩沙游戏环境。

材料投放：

挖沙工具、塑料积木、木质积木、砖块、石头、草皮、轮胎、塑料蘑菇、塑料动物等。

玩水区：

创设思路：幼儿在游戏的过程中想把水池的水引到沙池中，所以教师在玩水区投放了各种引水工具帮助幼儿操作探索，以帮助幼儿对比出哪种引水方式比较方便快捷。

材料投放：

水管、PVC管、木片、水泵、水车、桶、盆、波波球等。

2. 自主心理环境

（1）迷宫大分享：每天区域活动后或者餐前时间，幼儿可以自主分享探索迷宫的新发现。其内容既可以是在区域活动中操作发现的，也可以是在家里和爸爸妈妈一起探索发现的。由此，可以在提升幼儿的表达欲和能力的同时，也拓展了其他幼儿对迷宫的认知。

（2）家庭设置"对话时间"，让孩子在家跟爸爸妈妈说一说自己在自主游戏过程中的问题与发现，营造家庭温馨的氛围，同时让幼儿总结自己的知识经验。

（三）自主行为的激励

1. 教师激励要点

"趣玩沙水"的活动产生于孩子的兴趣，并且在活动开展的过程中难度与深度都在逐步增加，如沙子容易散怎么办？什么样的工具更适合用于引水？在活动过程中，富有探究点的情境都需要教师及时地给予激励。为此，在实施"趣玩沙水"主题活动时，教师可以参考下表。

教师激励情境、激励要点及激励示范表

激励情境	激励要点	激励示范
在挖沙池迷宫的过程中，发现沙子容易被踩散	引导幼儿思考能加固迷宫的材料并进行尝试	什么材料可以加固迷宫呢？我们一起找一找，试一试吧
在往沙池引水时，幼儿选择了桶、盆进行引水，但是速度太慢	引导幼儿进行分工合作并思考用什么样的工具可以提升引水速度	沙池迷宫这么大，用什么材料可以让我们引水的速度快一些呢？那我们分组来试一试吧
用木片运水时，幼儿发现水无法流动并展开讨论	鼓励幼儿大胆表达水流不动的原因并调整策略，教师进行示范指导	为什么水流不过去呢？你说得很对，水是从高处往低处流的，所以我们的木片支架也是要由高到低。老师来给大家示范一下
在给迷宫蓄水时，幼儿自主寻找材料并尝试	鼓励幼儿寻找各种材料尝试，肯定幼儿不怕困难和失败的品质，引导幼儿大胆表达自己的发现	你们真厉害，用了这么多种材料尝试给水迷宫蓄水，有什么发现吗？虽然没有成功，但是没有关系，还有什么材料可以留住水呢？我们一起用电脑搜索一下吧
水迷宫成功后，幼儿商量水迷宫的玩法并制定规则	鼓励幼儿大胆思考并尝试水迷宫的不同玩法	水迷宫成功啦，你们太棒了！水迷宫还可以怎么玩呢？我们一起来试一试吧
小球赛跑游戏结束时，幼儿提出疑问：为什么有的小球能够快速到达终点？	和幼儿一起讨论小球在水中飘动快慢的原因并帮助幼儿提炼新的知识点	为什么家伟的小球能够快速到达终点呢？原来是家伟划水的速度比较快，频率高，所以他的小球就能够快速到达终点，还有迷宫路线的长短也会影响小球到达终点的快慢
小船运宝藏时，幼儿尝试用多种材料来当作小船和宝藏	肯定幼儿积极探索并参与游戏，鼓励幼儿说出自己的发现，让幼儿小结游戏中所出现的科学知识点	哇，你们找了这么多“小船”和“宝藏”呀？有什么发现吗？哪艘“船”运的“宝藏”最多呀？原来“宝藏”太重了我们的“船”会沉下去喔

2. 家长激励要点

“趣玩沙水”的活动不只是存在于幼儿园，还存在于孩子的生活之中，特别是对于深圳的孩子，看海、铲沙、玩水更是他们在假期经常做的事情。在活动中，家长的激励对每个孩子来说都是特别的。每个孩子都有着独特的个性、气质与喜好，为此，孩子在进行“趣玩沙水”的探索活动中，家长的激励应当

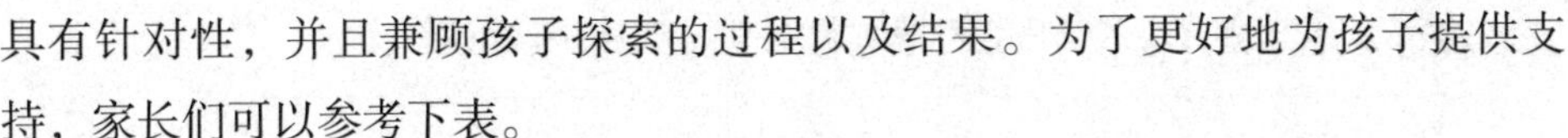

具有针对性，并且兼顾孩子探索的过程以及结果。为了更好地为孩子提供支持，家长们可以参考下表。

家长激励情境、激励要点及激励示范表

激励情境	激励要点	激励示范
幼儿在沙滩自主玩沙	家长引导幼儿思考沙水融合的特性	宝贝，水流到沙子上的时候，沙子是什么样子的？摸起来是什么感觉？沙子有水和没水的时候有什么不一样呢？
家长带幼儿到户外大型迷宫	引导幼儿观察迷宫的构造，体验户外迷宫的趣味性	哇，这个迷宫真大，它的入口在哪里？它的障碍物是什么样子的？你在书上有没有看到过这种迷宫？去试一试吧，看看你能不能挑战成功

三、主题活动实施过程

兴趣驱动一：怎样设计沙池迷宫？

户外游戏时，家伟和小伙伴一起挖了一个沙池迷宫，引起了大家的围观。

家伟说：“这是我和荣笙一起挖的沙池迷宫，有入口、出口，还有很多障碍物。”

以勒说：“这个迷宫太简单了，我能设计一个更难的迷宫，有机关和陷阱的。”

嘉婉说：“还有可怕的食人花机关！”

开始阶段：设计沙池迷宫

自主探究：

1. 挖沙池迷宫

于是，幼儿决定合作设计沙池迷宫图。孩子们通过投票选出票数最高的迷宫的图纸，接着带上设计图开始挖迷宫。过了一会，彤彤一边铲沙子一边说：“好累啊。”“我们应该分开挖。”乐乐在思考后提出了一个建议。是的，分开挖迷宫确实是一个好主意！孩子们开始分头行动，有的挖东边，有的挖西边，还有的找来了石头、塑料小人、木桩等作为障碍物。终于建成后，孩子们开始在迷宫中自由游戏。

突然，正在游戏的嘉婉把迷宫两边的沙子踩散了。看到这一幕的泽浩说：

“这迷宫太不牢固了。”“我们把它修好吧。”柏熙提议到。

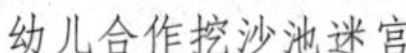
幼儿合作挖沙池迷宫

挖成型的沙池迷宫

2. 加固沙池迷宫

为了修好迷宫，孩子们找来了石头、木块、塑料积木……不一会儿听见雅格着急地说：“哎呀，这个石头总是滑下去。”柏熙也跟着说：“木块和积木总是倒。”这时，望舒看到了正在用水洗脚的小朋友，便提议：“我们可以加水，这样沙子就不会滑落了。”

于是孩子们开启了合作运水的工作，尝试将水倒入沙池里，让迷宫变得更坚固。

用不同的材料加固沙池迷宫

幼儿记录游戏过程

兴趣驱动二：选择怎样的工具给沙池引水？

运水活动开始了，幼儿寻找了不同的运水工具，望舒选择用桶运水，雅格选择用盆运水，不一会儿她们说：“好累啊，这也太慢了。”

紧接着，其他的幼儿提出了解决办法：

家伟：“可以用水管接水龙头的水。”

泽浩："可以用竹片和压水泵来运水池的水。"

于是，他们分成两组尝试运水。但是，水管不够长，木片的水也流不到沙池。

发展阶段：迷宫引水

自主探究：

1. PVC管引水

在讨论引水的办法时，嘉婉说："我们可以把管子加长一些。"望舒说："对呀！我们可以用PVC管。"基于幼儿的想法，教师为幼儿提供了新的材料——PVC管和辅助材料。

第一次尝试：幼儿合作将木片一片片进行了连接，发现水没有往前流动。幼儿通过总结、反思，发现可能是竹片之间有空隙，或者竹片没有越搭越低的原因才导致了这个结果。

第二次尝试：幼儿重新调整了材料，使用了没有空隙的PVC管，同时将搭建好的PVC管从高处往下连接，确保PVC管子的位置是由高到低的，最终运水成功。

用PVC管引水

用竹片饮水

自主反思：学习是在实践、操作中发生的。孩子们在运水过程中遇到困难，如水无法流动。此时，为了支持孩子们的自我探索，教师在倾听了孩子们的谈话后为他们提供了PVC管和其他辅助材料。同时，基于大班孩子已经具备基本的解决问题的能力，老师选择相信孩子，在一旁观察孩子的行为，等待孩子们自行解决问题。最后，孩子们不断分析原因，重新调整了运水工具和连接技巧，成功解决引水问题。

2. 蓄水行动

水终于流到了沙池迷宫，可是以勒发现：水怎么越来越少了？望舒说：“水被沙子吸走了，我知道哪里有麻布，可以拿过来铺在迷宫里。”嘉婉说：“我书包里有装衣服的密封袋，可以拿来试试。”为了验证自己的猜想，他们找到了不同的材料，分别进行了尝试，并发现：

（1）麻布会渗水，无法把水留住。

（2）密封袋上有水珠，能够留住水，但是太小了。

（3）保鲜膜会黏在一起，容易撕破，不好拼接。

幼儿带着问题回到教室，上网查阅了防水材料的资料，最后发现，PVC涂塑布、尼龙布、透明薄膜等材料都能防水。于是，幼儿找到了防水布和透明薄膜，三两人组成一组，把防水布和透明薄膜铺在了迷宫里，蓄水行动成功了。

幼儿合作铺透明膜

幼儿记录游戏过程

自主反思：水为什么会越来越少呢？以勒、望舒等孩子纷纷发表自己的想法。于是，教师基于孩子们的想法为他们提供了麻袋、密封袋以及保鲜膜。就这样，孩子们积极联系生活经验，通过上网查阅的方式知道了办法，成功完成了本次的蓄水行动。

兴趣驱动三：尝试不同的玩法

水迷宫终于完成了，幼儿提出了多种游戏玩法，有小球赛跑、小船运宝藏、颜色碰碰碰。接下来幼儿开始了游戏探索。

高潮阶段：玩转水迷宫

自主探究：

1. 玩法一：小球赛跑

以勒和家伟找来了波波球放进水里，用手快速划水来赶小球进行比赛。这时，家伟的球飞起来，落到了终点不远处。荣笙立马指出："家伟的手碰到球了，不公平。"于是他们开始商量小球比赛的游戏规则：第一手不能碰球，第二必须同一时间出发，第三不能找别人帮忙。游戏规则制定好后，比赛又重新开始了，家伟的小球以最快速度到达终点。

游戏：小球赛跑

2. 玩法二：小船运宝藏

泽浩把美工区折的小纸船带到水迷宫玩，发现纸船很快被水浸湿，沉入水中。为什么会这样呢？望舒提出了一个建议："纸做的船会湿，我们可以找塑料的东西来当小船。"于是他们找到了乌龟壳、积木等物品做小船，发现乌龟壳、KT板、积木能浮在水面。

第一次游戏：用乌龟壳做小船，将石头、宝石、贝壳、纽扣等物品当作宝藏，放进小船，发现乌龟壳也沉入了水中。

第二次游戏：拿出来了一些纽扣，发现小船还是沉在水中，又拿出一块石头，小船浮起来了，最后幼儿成功把宝藏运到了终点。

游戏：小船运宝藏

自主反思：小船运不了宝藏，游戏不能继续该怎么办？孩子们在游戏的过程中遇到了问题。紧接着，他们积极寻找周边可以利用的环境，并多次尝试，将自己的游戏继续进行了下去。在玩沙池游戏时，孩子们用乌龟壳当作小船，运输石头、宝石、贝壳、纽扣等物品当宝藏，当宝藏放进小船时，他们意外地发现乌龟壳玩具有浮力，但是能否持续飘浮在水面会受物品重量的影响，物品越重，需要的承载物品的物体就要更大。

3. 玩法三：颜色碰碰碰

颜色碰碰碰的游戏产生于嘉婉与荣笙的一次聊天。嘉婉：“我想把蓝色的颜料倒进水里，变成蓝色水迷宫。”荣笙：“好呀，涂鸦区有很多颜料，我们倒进去就变成彩色水迷宫了！”他们选择了不同颜色的颜料倒进水迷宫，但是颜色扩散很慢，并不能流动。于是他们再次回到美工区，找来了棍子、铲子等工具，希望用它们把颜料搅动起来。终于，水动起来了！颜色融在一起，变成了新的颜色！原先还是相互分开的蓝色和黄色，撞在一起变成了绿色，原来的红色、黄色和蓝色撞在一起变成了黑色，真是太有意思了！

游戏：颜色碰碰碰

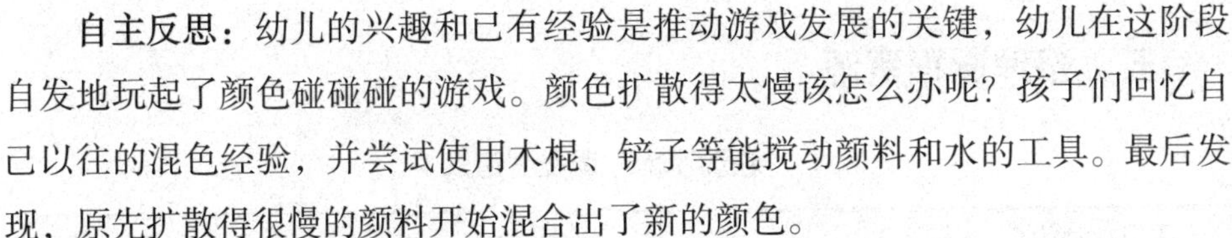

自主反思：幼儿的兴趣和已有经验是推动游戏发展的关键，幼儿在这阶段自发地玩起了颜色碰碰碰的游戏。颜色扩散得太慢该怎么办呢？孩子们回忆自己以往的混色经验，并尝试使用木棍、铲子等能搅动颜料和水的工具。最后发现，原先扩散得很慢的颜料开始混合出了新的颜色。

四、主题活动实施反思

（一）对主题活动开展过程和效果的反思

"趣玩沙水"主题活动是一个充满着多样性的探究机会，是幼儿所喜爱的主题。因为沙子和水是孩子们最喜欢的自然材料，幼儿可以尽情地发挥、想象、创造，并自主地尝试、体验。"趣玩沙水"主题活动既可以调动孩子的探索欲，又能给他们带来丰富的感官刺激和奇妙的体验。虽然整个主题活动为幼儿创设了一个丰富、有趣且富有挑战性的学习环境，但是未充分挖掘社会资源。深圳作为海边城市，可以在探究过程中开展实践活动，让幼儿有机会走出课堂拓展学习，感受沙水的魅力。

（二）对幼儿自主发展的反思

在"趣玩沙水"这一主题活动中，幼儿能结合已有的生活经验进行迁移，将一个简单的游戏，逐渐发展为连续递进的游戏形式。在活动中，幼儿积极性高并尝试自己独立解决问题。在游戏中遇到问题时，幼儿能协商解决，共同协助、分工合作，提升自己的认知水平。例如，在"沙池迷宫"中，幼儿通过发现问题、解决问题和探究活动，将一个会散的迷宫改造成一个稳固且能蓄水的沙池迷宫。

（三）对教师教育行为的反思

每个孩子都具备主动学习的特质，对他们来说，凡事皆有可能。在主题活动开展的过程中，教师学会了"示弱"，面对幼儿遇到的问题，教师没有及时介入，而是给幼儿自己解决问题的机会，尊重孩子的意愿，给予孩子充足的探索时间。充足的游戏时间是幼儿深度游戏的重要保障，幼儿在探索过程中的操作会让他们记忆更深刻。当然，教师在这一活动过程中也有需要改进的地方。如游戏结束后，教师可以提供纸和笔，引导幼儿及时记录自己的所思所想，为下一次幼儿实践活动做铺垫。

五、整理课程资源

“趣玩沙水”课程资源表

适用年龄阶段	5~6岁幼儿（大班）
幼儿获得的发展	在自然环境中探索发现，获得与同伴一起合作互动的游戏体验，激发好奇心，培养专注力，发展想象力和创造力，锻炼肢体协调能力，获得基本的科学知识和科学体验，同时促进认知发展
资源的开发与利用	社会资源：儿童乐园。（可挖掘沙池、水池的儿童乐园，可容纳更多的幼儿，也可亲子一起探索更多的玩法）
游戏生成点	沙水迷宫的玩法：小球赛跑、小船运宝藏、颜色碰碰碰
推荐书目	《放手游戏，发现儿童》《自主游戏：成就快乐而有意义的童年》《小鬼来当家》《亲近自然》
特别建议	教师要给幼儿营造宽松的游戏环境，提供丰富的材料，鼓励幼儿大胆尝试、探索
提示	沙水游戏具有很强的科学性，教师可以带领幼儿一起查询资料，保障科学原理的准确性，同时拓宽幼儿的知识面，有助于为他们的探索发现提供更好的支持

大班：我和松鼠的故事

谷米华　陈喜婷

一、主题活动说明

（一）主题活动缘起

金秋时期，幼儿园科学馆迎来了几位新朋友，它们就是可爱的小松鼠。孩子们第一次见到小松鼠，感到非常的惊喜。语宸好奇地说："这是从哪里来的小松鼠呀？"茗杨指着小松鼠问道："它怎么躺着不动，是不是不开心呀？"绎心连忙问道："我们可以照顾它吗？可以和它一起玩游戏吗？"孩子们围在松鼠身边展开了激烈的讨论。《3—6岁儿童学习与发展指南》中指出："儿童有着与生俱来的好奇心和探究欲望。"幼儿园应该尊重幼儿想法并创造条件支持幼儿的游戏。幼儿园自然教育，从来没有一种标准的范式，只要回归自然，遵循孩子的天性，让孩子们在自然的情境中去探索、去实践，相信他们会给我们一个大大的惊喜。就这样，我们秉承着"相信的力量"这一信念，与孩子们一起进行了一场探究松鼠的活动，在这个过程中孩子们会经历什么有趣、惊奇的故事呢？

（二）主题活动目标

在开展"我和松鼠的故事"主题活动的过程中，幼儿愿意主动探索和发现问题，并尝试主动解决在制作松鼠之家和跑道中出现的各种问题。幼儿能恰当表达出对松鼠的各种情绪，并调控自己的情绪，避免出现因过于喜爱松鼠而做出影响松鼠正常活动的不良行为。在活动中，幼儿与别人看法不同时，敢于坚持自己的意见并说出理由，遇到困难时，能与他人讨论解决问题的办法，并能有序、连贯、清楚地讲述事情或问题。同时，幼儿在发现问题、提出猜想可能、验证猜想和解决问题的过程中，为其探究能力的进一步的发展打下坚实基础。"我和松鼠的故事"主题活动大班幼儿发展目标见下表。

"我和松鼠的故事"主题活动大班幼儿发展目标表

总目标	具体目标
自主学习（重点发展）	1.在家长或教师的帮助下，能用数字、图画、图表等方式记录自己观察到的松鼠，并且能为观察松鼠制定简单的计划。 2.能在观察过程比较、分析、描述小松鼠的新家及跑道的前后变化。 3.通过观察发现松鼠的习性，在操作中知道泡沫、木棍、牛皮纸、塑料膜等物品的结构与功能之间的关系。 4.幼儿愿意主动探索和发现问题，并尝试主动解决在制作松鼠之家和跑道中出现的各种问题。 5.在思考和行动中遇到自己无法解决的事情时，幼儿愿意与他人讨论解决问题的办法，并能有序、连贯、清楚地讲述事情或问题
自主生活	1.能恰当表达出对小松鼠的各种情绪，并调控自己的情绪，避免出现因过于喜爱小松鼠而做出影响小松鼠正常活动的不良行为。 2.在观察小松鼠的活动中积极参与，能主动出主意，想办法解决各种问题。 3. 在测量跑道距离和挑选制作小松鼠之家的材料等探究活动中，能认真负责且独立的完成自己所接受的任务。 4.在制作小松鼠的家或跑道中遇到困难时，能够坚持，不轻易求助；与别人看法不同时，敢于坚持自己的意见并说出理由
自主创造	能用多种工具、材料、表现手法，主动表达自己的感受和想法

（三）主题活动资源

主题活动开展所需的资源表

类型	名称	内容
人力资源	园内资源	教师、幼儿
	园外资源	松鼠饲养员、兽医
物质资源	园内资源	科学馆、玩教具、图画书、美术室
	园外资源	图书馆、动物医院
文化资源	园内资源	主题活动结题会
	园外资源	深圳野生动物园
信息网络资源（辅助资源）	可使用的工具	表格工具、微信平台
	可下载的资源	松鼠图片及音视频
	幼儿可使用的新技术	录音笔

二、主题活动实施设计

（一）主题活动结构及发展线索

阶段	问题	线索
开始阶段	如何让小松鼠感到开心？	兴趣驱动：小松鼠来到幼儿园为什么不动呢？
		自主探究：给它做个家，它会开心吗？
		自主反思：如何调节小松鼠的情绪？
发展阶段	怎么制作松鼠跑道？	兴趣驱动：用什么制作松鼠跑道？
		松鼠跑道应该制作多大？应该制作多长？
		跑道和小松鼠之间的关系是怎样的？
高潮阶段	和小松鼠可以玩什么游戏呢？	兴趣驱动：小松鼠听到音乐会开心吗？
		自主探究：我和小松鼠谁跑得更快？该怎么分出输赢？
		自主反思：和小松鼠玩捉迷藏游戏，它能找到我吗？

"我和松鼠的故事"主题活动结构及发展线索图

开始阶段："制作小松鼠的新家"为第一阶段，幼儿发现小松鼠来园时不开心。为此，幼儿尝试通过讲绘本、逛幼儿园的方式调动松鼠情绪。在这期间，教师看到幼儿想为松鼠做新家的强烈愿望，并及时捕捉教育契机，遵循幼儿兴趣，通过扮演支持者、观察者、引导者的角色，开展讨论活动让幼儿大胆猜想。

发展阶段："制作松鼠跑道"为第二阶段，幼儿在小松鼠新家完成后持续观察，联想到之前看过的松鼠跑道，并动手制作松鼠跑道。选址时，幼儿依据松鼠生长习性说出了自己的想法；制作跑道时，幼儿了解了防雨膜的特性，并验证它不适合制作跑道；测量距离时，教师为幼儿提供了不同测量工具进行测量，幼儿用记录的方式表达了数量关系，感知并理解了量的相对性。

高潮阶段："和松鼠做游戏"为第三阶段，松鼠跑道完成了，幼儿自发和小松鼠进行了各种游戏，包括用声音吸引松鼠、和松鼠赛跑以及和松鼠捉迷藏，"松鼠之家"变得热闹起来。

（二）自主环境创设

1. 自主物质环境

孩子对自然有着天然的亲近感和关注，充满了好奇与兴趣，同时动植物也是孩子与大自然联系的窗口。通过照料动物，幼儿感受动物生命成长的历程，从而建构对自然的认知，有利于其自然智能的培养。一方面，能增进幼儿对动物的了解，丰富其关于动物的名称、类型、习性等方面的经验；另一方面，能更真切地让幼儿感受动物的发展变化，感受动物生命的存在，感受自己的行为与动物生命之间的关系，从而真正去感受生命、了解生命、珍惜生命。

松鼠之家

（1）饲养角

教师营造了温馨的饲养氛围，与幼儿一起制作了松鼠住的木房子，同时投放了松果、坚果、手套等物品，方便幼儿观察和饲养。

材料投放：松果、坚果、手套、树叶、自然材料等。

松鼠之家

松鼠的铁笼

为了方便幼儿与松鼠进行互动，教师用铁网围绕着大树上下环绕，铁网贯穿了科学馆，将小松鼠的家与跑道、大树连接起来。同时投放了计时器、纸、笔等材料，方便幼儿与松鼠一起游戏。

材料投放：计时器、纸、笔、话筒等。

（2）观察区

为了增强幼儿对动物的好奇心，并发展幼儿的观察能力，教师在松鼠的家旁边设立了观察区。在区域中投放了纸、笔、放大镜等工具，让幼儿通过观察、记录、比较的方式发现松鼠在不同时期有不一样的现象，培养幼儿的观察能力。

材料投放：记录单、纸、彩色笔、放大镜、尺子、木棍等。

记录松鼠的习惯

观察松鼠习性

2. 自主心理环境

（1）休闲吧

在这里，幼儿可以和松鼠一起游戏、唱歌、阅读好听的绘本，体验和小松鼠在一起的欢乐时光。

读绘本给松鼠听

唱歌给松鼠听

（2）家庭饲养角

陈鹤琴先生在《家庭教育》这本书上提到：“要让孩子有机会饲养小动物，了解动物的生理特征，对动物有同情心。”家庭饲养角是一个体验幸福的载体，孩子在这里可以直观地观察到动物的外形特征及生活习性，培养他们的爱心、耐心和责任心。

（三）自主行为的激励

1. 教师激励要点

“我和松鼠的故事”是一个充满探究性质的主题活动，幼儿需要充分调动自己的已有经验，并且愿意直面问题，拓展知识，才能逐步推动活动的开展。为此，教师应当多给予幼儿支持与鼓励，关注幼儿的情绪，并且针对不同的情境灵活地给予幼儿相应的评价，以此支持幼儿的学习。具体可参考下表。

教师激励情境、激励要点及激励示范表

激励情景	激励要点	激励示范
当幼儿阅读绘本后，松鼠依旧不开心时	教师要给予幼儿支持和鼓励，鼓励孩子尝试用其他的办法让松鼠开心，不要打击幼儿的自信心	没有关系哦，你觉得松鼠为什么不开心呢？我们还可以用什么方法让松鼠开心呢？
当幼儿在多次尝试后仍未做出合适的房子时	教师要注意关注幼儿的情绪，给予幼儿支持，帮助他自己解决问题，不要轻易地直接代替幼儿解决问题，这样会剥夺幼儿的成就感	我们一起来仔细想想是哪里出现了问题呢，你看一看这里是不是少了点什么呢？
当幼儿与松鼠做游戏难以开展时	教师要肯定和表扬幼儿的猜想，鼓励幼儿在安全条件下自己探索和创造新玩法	你这个想法很棒，但还是不太适合，除了这个想法，我们还可以用什么方式来记录松鼠跑步的速度呢？

2. 家长激励要点

家长是幼儿园的重要合作伙伴，也是幼儿的重要他人，为此家长的评价对幼儿来说至关重要。在“我和松鼠的故事”这一主题活动的开展中，家长在和幼儿互动时可参考下表。

家长激励情景、激励要点及激励示范表

激励情景	激励要点	激励示范
当幼儿回家和家长表达对松鼠的喜爱并想进一步了解松鼠时	家长要表扬并肯定幼儿的好奇心，发现并培养出孩子对动物的喜爱	松鼠是我们的好朋友，我们可以通过阅读绘本和实地观察的方式了解松鼠，你觉得怎么样呢？
当幼儿也想在家里养松鼠时	家长不要急于否定幼儿的想法，仔细询问幼儿养松鼠的意愿并提出自己的疑问	我也喜爱松鼠，我觉得你的想法非常好，但你要知道松鼠是属于大自然的，我们把松鼠放在家里，它会不会不开心呢？

三、主题活动实施过程

兴趣驱动一：小松鼠来到幼儿园为什么不动呢？

教师根据大班幼儿对大自然事物认知发展的需求创设了科学馆。在动物们入住的第一天，幼儿对我们的新伙伴松鼠表现出强烈的兴趣。因为关在笼子里的缘故，松鼠有些没有活力，对这个新鲜的小家伙充满好奇与喜爱的幼儿们，也感受到松鼠的不适应，并展开了自己的猜想，对“它怎么躺着不动？是不是不开心？”进行了激烈讨论。

开始阶段：为小松鼠做新家

自主探究：

1. 与松鼠的第一次见面，小松鼠为什么不开心？

松鼠来幼儿园第一天，教师把松鼠的视频与孩子们分享。敏锐的幼儿们立马关注到小松鼠趴着不动的状态，并纷纷猜测“小松鼠是不是想妈妈了”“是不是换了新家，它害怕了”“松鼠应该是想和好朋友在一起，它一个人孤零零的”……其中，有很多小朋友认为小松鼠是因为不想待在笼子里，想出来，所以才不开心。基于这个原因，小朋友们开始采取行动想让小松鼠变得开心点。

绎心给小松鼠讲起了故事，家乐给小松鼠表演了街舞，浩然带小松鼠熟悉了新环境……幼儿尝试了许多方法，可是他们发现小松鼠依旧躺在笼子里不动，看起来很不开心。

靖宜说：“是不是笼子太小了呢？它在笼子里没法好好玩。”

浩然说：“那我们给它做个新家吧。”

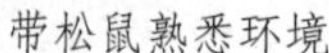

带松鼠熟悉环境

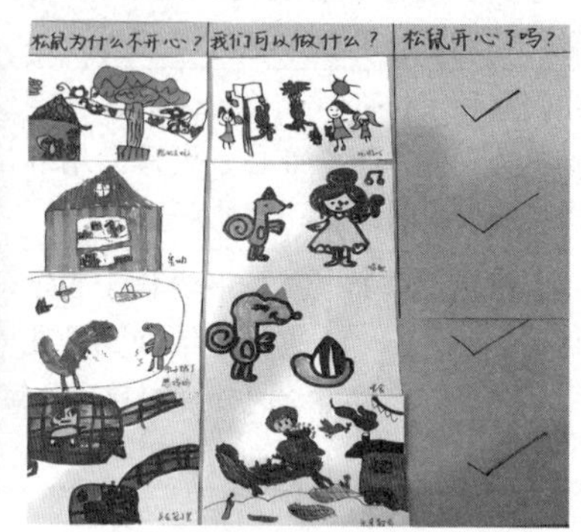

记录松鼠的情绪

2. 讨论设计小松鼠的家

在孩子们提出“给松鼠做个新家”的意见后，教师和孩子们一起讨论如何设计小松鼠的家。

子萱说：“我设计的松鼠之家像一个城堡，这样小松鼠就可以住在城堡里了。”

玉涵说：“小松鼠家里有沙发，还有电视机，小松鼠可以看电视。”

润润说：“我还要在它的房子里放一张床，这样它就可以在里面睡觉了。”

晴晴说：“松鼠在树上生活，我要设计一个可以盘旋的房子，它在里面还可以滑滑梯。”

孩子们富有想象力，别出心裁的设计想法让教师眼前一亮。借此契机，教师继续追问道：“你们准备用什么材料给小松鼠做家呢？”

沐言说：“我要用美术室的快递泡沫给它做个软软的房子。”

浩然说：“我要用木筷子做一个坚固的房子。”

思羽说：“我准备用纸箱给小松鼠做一个可以躲雨的家。”

制作成功后，孩子们和大家分享了自己的成果。靖宜看到制作的松鼠的房子后说：“你们做的房屋不够坚固，还没有门，松鼠会跑出去的。我去木工区做个有门的木头房子。”但是，靖宜在制作中发现自己不会使用工具，便向教师寻求帮助，教师建议可以找专业的人帮忙。于是，孩子们找到了大家公认的手工能力最强的黄师傅，黄师傅欣然接受了孩子们的请求，并且表示：“我可以指导你们为松鼠做一个又大又坚固的房子。”

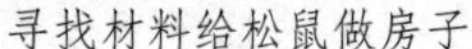

寻找材料给松鼠做房子

绘制小松鼠未来的家的模样

3. 制作小松鼠的家

当孩子们接触到螺丝刀、锯子、锤子等专业木匠工具时，他们既兴奋又紧张。在黄师傅的讲解中，孩子们基本掌握了锤子、锯子、热熔胶等工具的正确使用方法，但实际操作还不熟练。在反复操作中，孩子们发现，锯木头时按照之前画好的直线据，可是却锯歪了木板，是因为木板没固定好；钉子钉歪了是因为钉子的受力不均匀。于是，幼儿为了让木板固定好，叫来了同伴一起来帮忙，在亲身实践中掌握了工具的使用技巧。

寻找牢固的材料

自主反思：与松鼠的第一次见面，幼儿就能关注到松鼠的情绪，对“它怎么不开心”“怎么能让它开心”这两个问题刨根问底。通过朗读绘本故事、带松鼠逛幼儿园、给松鼠跳舞等方式让松鼠开心，孩子们发现松鼠的情绪依旧不高。为此，“如何提高松鼠的情绪？”成为孩子们探究的新问题。经过讨论，孩子们认为可以为小松鼠做新家，这样小松鼠就可以开心起来了。在讨论中，幼儿大胆猜想，联系了自身的生活经验，根据常见物质、材料的特性和物体的结构特点说出自己的设计想法。同时，孩子们通过动手操作、验证、对比证实了木头最为坚固，并尝试用锤子、锯子、热熔胶等工具给小松鼠做房子，遇到困难时，与小伙伴们一起寻找解决方法，最终大家一起动手完成了"松鼠之家"。

兴趣驱动二：用什么制作松鼠跑道？

小松鼠新家建造完成了，它再也不用被关在小小的笼子里了，幼儿们对自己的成果很是满意，纷纷开心地笑起来。但没过多久，幼儿们又有新发现：小松鼠怎么还躲在房子里不动呢？

语宸："小松鼠怎么还躲在房子里不动？是不是没爬树不开心？"

浩然："不能爬树，它会跑丢。"

茗杨："我知道啦，我在景区看过松鼠跑道，这跑道既能爬树又不会让松鼠跑丢，我们也制作一个吧。"

发展阶段：为小松鼠做跑道

自主探究：

1. 松鼠跑道有多长？要用什么制作跑道呢？

小松鼠新家完成了，幼儿发现，小松鼠总是躲在房子里不动。在讨论后，有小朋友提议，制作景区那样的松鼠跑道让小松鼠爬树，小松鼠就会变得开心。但是，具体应该怎么制作呢？

寻找合适位置做跑道

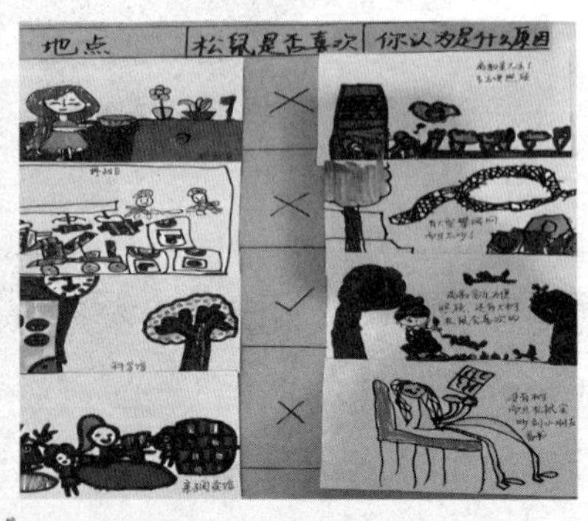

记录松鼠是否喜欢这个地方

关于跑道选址，孩子们走遍幼儿园后，决定选在大班科学馆外的两树之间，原因是距离班级近，方便照顾小松鼠。为了不让它淋雨，幼儿选择了防雨塑料制作，同时测量了树与树之间距离。这时幼儿又对测量工具有了新思考。

语宸说：“我们可以手拉手测量。”

茗杨说：“我们还可以用班上的尺子测量。”

浩然说：“可是我们不会看尺子。”

沐言说：“那就用毛线，我们照着毛线长度做。”

绎心说：“我们都试试，看谁的办法好。”

接下来，幼儿用认识的工具测量并记录，发现：树与树之间的距离是15米，13个人手拉手的长度是15米，剪下来的毛线也是15米。

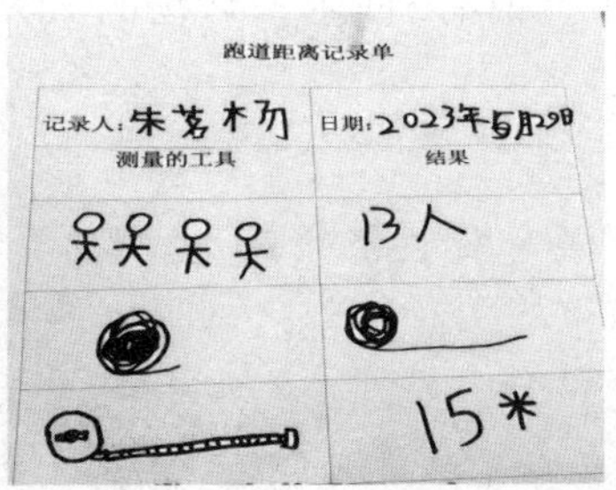

跑道距离记录单

记录人：朱茗杨	日期：2023年5月29日
测量的工具	结果
	13人
	15米

丈量松鼠跑道的尺寸

因此，幼儿决定做15米的跑道，他们将透明膜卷成一圈用双面胶固定，在此期间，又遇到新问题：透明膜太软无法支撑。靖宜说：“那我们试试用木头把它撑起来。”她去木工房拿了三个长方体的木棍尝试固定，但失败了。绎心说：“它太软了，不仅固定不住，还容易破，我们要用坚硬的铁网制作。”

软膜换成铁网

2. 跑道能装得下小松鼠吗？小松鼠有多大呢？

幼儿用铁网再次制作松鼠跑道，他们将铁网卷成圈，用毛线固定，但毛线会断；拿扎带进行固定，但力气不够。最后找黄师傅帮忙固定，他告诉大家，铁网要用铁丝固定才牢固。于是，他们将两个跑道拼装起来。这时，幼儿发现跑道的大小不一样。

绎心说："我觉得我做的够大了。"

浩然说："你的太窄了，我做的就刚刚好。"

靖宜说："我们可以量一下小松鼠的大小。"

有了前期测量经验，幼儿直接用铅笔测量，发现松鼠的身体和铅笔一样长，肚子是一只手掌的大小。最后，教师和幼儿经过对比发现，绎心的跑道太小了，只有3厘米；茗杨的太大了，有15厘米；而浩然的跑道刚刚好是8厘米。

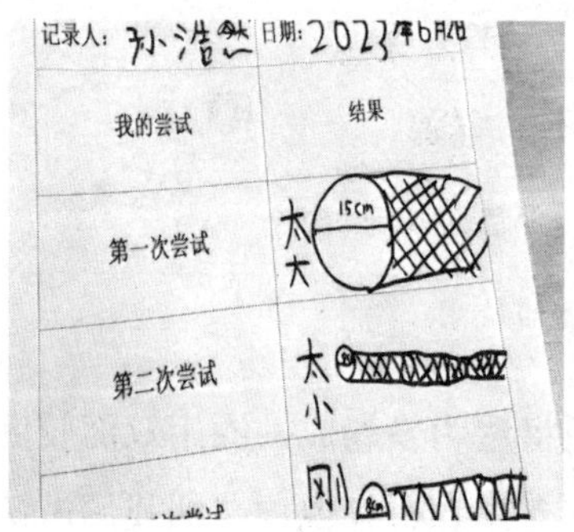

测量铁网的宽度是否合适

自主反思：在松鼠新家完成后，孩子们持续观察，联想到看过的松鼠跑道并动手制作。于是开始选址，学习使用各种工具制作跑道，在此期间，教师还为幼儿提供了不同测量工具进行测量。孩子们有一双发现问题的眼睛，在制作中他们发现铁网更合适做跑道，在连接时提出跑道做多大合适的问题。当发现跑道大小不一致时，孩子们开始思考其中的可行性，"我觉得我做的够大了""你的太窄了，我做的就刚刚好""我们可以量一下松鼠大小"……通过比较后，孩子们发现浩然的跑道是最适合松鼠的。

兴趣驱动三：小松鼠听到音乐会开心吗？

松鼠跑道完成了，幼儿看到小松鼠开心地跑来跑去也十分兴奋，激动不已的幼儿们决定和松鼠进行各种游戏，让“松鼠之家”变得热闹起来。有些幼儿认为小松鼠喜欢听音乐，想拿音乐逗松鼠开心；有些幼儿看到松鼠跑得很快，决定和松鼠来一场跑步比赛；有些幼儿想跟松鼠玩捉迷藏，看谁先找到松鼠……

高潮阶段：和小松鼠玩游戏

自主探究：

1. 松鼠听到音乐会开心吗？它会从屋子里跑出来和我玩吗？

跑道建成第一天，幼儿发现小松鼠听到晨练音乐会从屋子里跑出来。随即，幼儿开始讨论：“你看，它听到音乐就跑出来了。”绎心说：“真的吗？我来试一试。”便用表演区的播放器放起了轻音乐。这时，幼儿发现小松鼠没有太大反应，他们又尝试放有歌词的音乐，发现小松鼠跑了起来。靖宜说：“小松鼠一定是喜欢有歌词的音乐，我们一起唱歌给它听吧。”接着，幼儿开始了自己的表演。

唱歌给松鼠听

自主反思：在与小松鼠做游戏中，小朋友们对小松鼠听到音乐会出来的偶发事件有着独特见解，他们尝试用唱歌的方式吸引小松鼠的注意，最后发现小松鼠更喜欢听有歌词的音乐。

2. 我和小松鼠谁跑得更快？该怎么分出输赢呢？

跑道建成的第三天，幼儿观察到小松鼠喜欢在跑道里跑。于是，在小松鼠跑的一瞬间茗杨也跑了起来。

绎心看到后说：“松鼠比你快。”

欢悦说：“好像同样快，我们借老师手机来记录时间吧。”

就这样，与小松鼠的赛跑开始了。看到幼儿的兴趣高涨，教师调整了接下来的活动安排，让幼儿与松鼠一同在科学馆进行赛跑游戏。第一次赛跑，孩子们发现没有起点和终点，分不出输赢；第二次赛跑，孩子们发现要等很久小松鼠才愿意跑，起跑时间不一样，结果不公平；第三次赛跑，通过增加计时器分别记录小松鼠和茗杨到终点的时间，确定茗杨跑得更快。

记录比赛的过程

3. 我和小松鼠玩捉迷藏游戏，它能找到我吗？

跑道建成的第四天，靖宜跟老师分享了自己的趣事：“早上我一直在找小松鼠，最后我在跑道最底下找到了它，哈哈。”沐言也凑了过来说：“它和我一样喜欢躲猫猫。”教师说：“你们观察得真仔细，小松鼠可能就是在和你们躲猫猫呢。”接着，幼儿利用混龄活动时间和小松鼠玩起了躲猫猫。

和小松鼠捉迷藏

记录捉迷藏的过程

四、主题活动实施反思

（一）对主题活动开展过程和效果的反思

从小松鼠来园起，幼儿就对它就保持着浓厚的兴趣，为此，这个主题活动的选择遵循了幼儿的兴趣，并受到幼儿的欢迎。在主题活动探索的过程中，教师按照"松鼠不开心—为松鼠制作新家—与松鼠游戏"三个阶段展开活动，孩子们的兴趣也依然持续。但在活动中，依旧有不足的地方。例如：在设计小松鼠的家时可以家园共育，借助家长资源使用3ds Max制作出3D立体、可旋转的效果图，供幼儿学习、使用，从而让幼儿感知平面图形与立体图形之间的关系，同时提高其空间想象能力。再如：可以开展领养小松鼠活动，在"松鼠日记"上记录小松鼠每日的饮食情况及生活状态，为下一个小朋友照顾小松鼠提供了科学而有效的数据。

（二）对幼儿自主发展的反思

在实践的过程中，幼儿在协作设计、体验测量、制作模型、自制松鼠小屋等活动中，丰富了科学、技术、工程、数学等方面的认知经验，提升了问题解决能力，发展了专注、坚持等学习品质，这对幼儿来说是一次不可替代的成长和蜕变。在制作"松鼠之家"和跑道时，他们不断发现问题、解决问题，让游戏水平从象征性游戏提升到规则性游戏，使自己的游戏和认知水平得到了提升。幼儿在与同伴分工、协作、讨论的过程中构建起学习共同体意识，共同克服困难，完成每一个挑战和任务。

（三）对教师教育行为的反思

在整个活动过程中，教师敏锐地感受到孩子们的好奇点，能够倾听幼儿的心声。比如幼儿分享自己找寻松鼠时，教师抓取到幼儿的兴趣点，并且引导孩子们在混龄时间进行躲猫猫的游戏。同时，教师在互动的过程中坚信幼儿是有能力的学习者，并相信在这条充满惊奇的河流里，每个个体的生命力都会绽放精彩和力量。但是限于时间问题，本次主题随着孩子们的毕业而告终，教师无法将课程继续延续，如若有时间教师将继续延续孩子们的兴趣，给予孩子更多的支持。

五、整理课程资源

“我和松鼠的故事”课程资源表

适用年龄阶段	5~6岁（大班）
幼儿获得的发展	在活动中，幼儿兴趣得到激发，积极性、主动性、创造性得到充分发挥，游戏水平、认知水平也得到发展。幼儿在活动中猜想、验证，再猜想、再验证，结合自己已有的生活经验在发现问题、解决问题的过程中进行知识迁移
资源的开发与利用	金属跑道，松鼠之家
主题生成点	为小松鼠做新家、给小松鼠制作跑道、和小松鼠做游戏
推荐书目	教师：《我们的课程故事》《幼儿园完整儿童活动课程》《在做中学》 幼儿：《松鼠先生和月亮》《松鼠先生和第一场雪》《松鼠先生和蓝鹦鹉》《两只松鼠一座桥》
特别建议	1.在饲养过程中幼儿可观察到动物的生长、发育、死亡等现象，可以开展死亡教育。 2.根据饲养的小动物的特点,可以将专门的区域与随机的安排有机结合起来。饲养活动有分组负责、定人负责和轮流负责等组织方式
提示	1.在喂食小松鼠过程中，我们要充分了解小松鼠的爱好，如喜爱吃百香果叶子以及坚果，需要足够的空间满足运动量大的需求。 2.建议佩戴手套喂食小松鼠，不要直接用手触摸小松鼠，避免被咬伤。 3.注意食物的适宜性，避免乱喂食，给小松鼠带来健康问题

大班：好玩的社团

宋静红　张莹莹（大）

一、主题活动说明

（一）主题活动缘起

时间就像溪水，匆匆从石缝间流过；时间就像微风，悄悄从耳旁拂过；时间就像细沙，偷偷从指缝间溜走。转眼间，孩子们迎来了大班最后一个学期，即将进入小学的他们迫切地想揭开小学神秘的面纱。于是，新学期伊始，家长们自发带领幼儿参观了小学。因此，一进教室，孩子们就兴奋地跟老师、小伙伴分享起自己参观小学的发现。宇恒开心地跟小伙伴说："我周末去参观了文景小学，我还看了哥哥姐姐的社团。"一石激起千层浪，孩子们纷纷围过来分享自己的感受："我参加了哥哥的社团，我们一起画画。""我也去看了，我还参加了拳击社呢。""我最喜欢科学了，我想要加入科学社团。""我们班可不可以有一个社团啊？"……这群正处在幼小衔接阶段的孩子们，对于上小学充满着喜悦与好奇。《教育部关于大力推进幼儿园与小学科学衔接的指导意见》中提出，幼儿园需促进幼儿身心全面和谐发展，为入学做好基本素质准备，大班下学期要有针对性的帮助幼儿做好生活、社会和学习等多方面的准备，建立对小学生活的积极期待和向往。我们关于社团的探索之旅在孩子们的好奇心以及幼小衔接需要下乘风起航了。

（二）主题活动目标

在开展"好玩的社团"主题活动过程中，幼儿园与小学双向联动，通过实践活动帮助幼儿在认识小学生活的过程中了解小学的社团活动，激发幼儿对小学生活的兴趣。在创建社团过程中，幼儿能够大胆积极地表达自己的想法，同伴之间能够互相倾听交流，共同探讨解决办法；幼儿语言表达、倾听等方面的能力得到进一步提升。在社团活动中产生的问题，幼儿能够根据具体问题具体分析，并给予解决办法，大胆尝试，使其探究能力得到进一步的发展，为其他领域的学习打下坚实基础。“好玩的社团”主题活动大班幼儿发展目标具体见下表。

“好玩的社团”主题活动大班幼儿发展目标表

总目标	具体目标
自主学习 （重点发展）	1.在社团活动探究中，幼儿能够清楚、连贯地说清楚一件事情。 2.在开展社团活动中，能够用图画、符号等方式将自己感兴趣的事情进行记录、计划。 3.在创建社团过程中，能够运用多种方式收集信息，并将自己的发现通过图表等方式进行分类、比较、分析，得出结论，解决问题。 4.在与同伴交流社团活动时能够不怕失败，主动探究
自主生活	1.能够积极参与到社团活动中，有集体荣誉感，在社团活动中积极发言，主动表达自己的想法；与别人看法不同时，敢于坚持自己的意见并说出理由，为社团活动的开展献言献策。 2.在活动中，能够认真负责且独立地完成自己所接受的任务
自主创造	1.结合社团活动内容，能够运用多种材料、工具制作作品，表达自己的感受和发现。 2.能够使用自主创作的作品丰富社团活动室的环境

（三）主题活动资源

资源的整合和利用是幼儿园主题活动教育实施的关键。教师应该根据本班幼儿的特点、年龄、认知水平、兴趣爱好等，整合各种资源以促进主题活动的深入开展。资源可以大致划分为人力资源、物质资源、文化资源、信息网络资源，并从园内、园外两个维度来进行梳理，见下表。

主题活动开展所需的资源表

类型	名称	内容
人力资源	园内资源	教师、幼儿
	园外资源	父母、小学学生和教师等
物质资源	园内资源	篮球、篮球筐、操场、手工材料、美术室、数学操作材料、大喇叭、油画架
	园外资源	小学里的社团、社区里的社团 大学里的社团、亲子实践活动

续 表

类型	名称	内容
文化资源	园内资源	社团规则、社团团徽、社团会议
	园外资源	社团管理制度、人员竞选规则
信息网络资源（辅助资源）	可使用的工具	小红书App
	可下载的资源	小学社团活动图片及音视频
	幼儿可使用的新技术	录音笔、语音机器人

二、主题活动实施设计

（一）主题活动结构及发展线索

开始阶段　怎么创建社团？
- 兴趣驱动：怎么创建属于自己的社团呢？
- 自主探究：如何筛选社团？如何成长社长？
- 自主反思：如何选择适合的社团呢？

发展阶段　社团可以开展哪些活动？
- 兴趣驱动：社团应该开展哪些活动？
- 自主探究：社团活动体验—招募成员—开展社团活动
- 自主反思：怎么筛选社团活动？

高潮阶段　如何更好地运营社团？
- 兴趣驱动：社团出现了很多新问题
- 自主探究：数学社人太少，篮球社人太多，怎么办？
- 自主反思：怎么获得更好的调整方法？

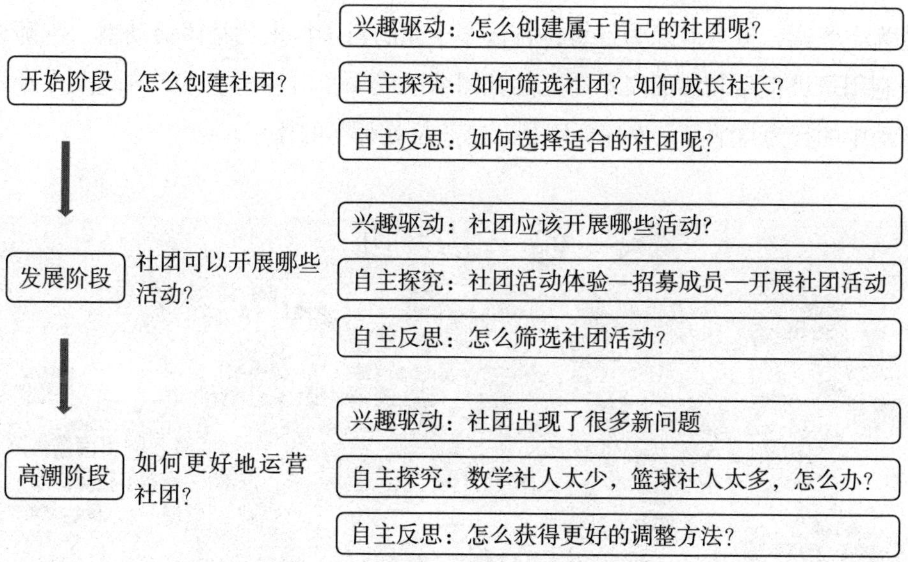

"好玩的社团"主题活动结构及发展线索图

开始阶段：第一阶段基于幼儿参观小学后提出的问题"怎么创建社团？"开展。教师与幼儿通过一起讨论、统计、测量等方式，筛选出最适合的社团。在这个过程中，幼儿学习了与社团相关的基本知识，学会了简单的统计测量的办法，并初步成立社团，为后续社团活动的开展奠定基础。

发展阶段："社团可以开展哪些活动？"为第二阶段的主要内容。在成功创立社团、竞选出社长后，幼儿又提出"什么时候开始社团活动？""我们可以怎么组织社团活动？”等与开展社团活动相关的问题。于是，围绕着这些问题，幼儿积极思考，共同商议出社团活动时间，讨论了各种各样的社团活动。在这一阶段，幼儿分工合作、互相帮助、共同游戏，其动手操作、团队协作以及沟通能力都得到了大幅提升。

高潮阶段：“如何更好地运营社团？”为第三阶段的主要内容。在社团活动开展的过程中，幼儿通过仔细观察发现了新的问题，如社团人太少，不好玩；篮球社因参与人员太多，出现活动现场混乱的问题。针对这些问题幼儿提出了许多建议和措施，积极地尝试解决问题，最终体验到了成功的喜悦。

（二）自主环境创设

1. 自主物质环境

环境是重要的教育资源。班级环境围绕数学社团进行创设，以原木色和白色为主色调，莫兰迪绿为点缀，打造一个充满科学探索的社团活动室。教师充分利用班级柜面和墙面展示幼儿的社团活动成果，潜移默化地影响幼儿在社团活动中的行为与学习，发挥环境是“第三位教师”的作用。

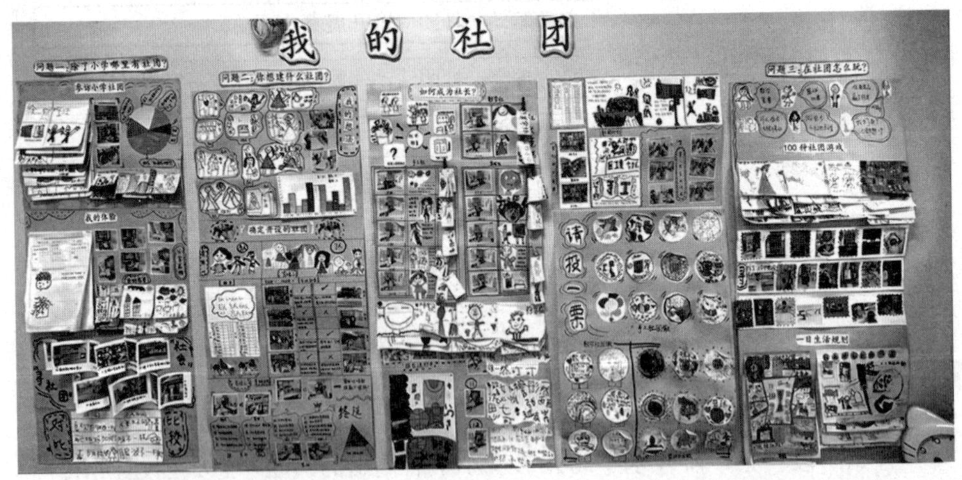

主题墙环境

（1）基础区域

美工区：

创设思路：在美工区的基础上，结合幼儿对手工编织的兴趣，在班级新增“编织区”作为编织社团的活动室。由此，既满足了幼儿发展需求（即幼儿可

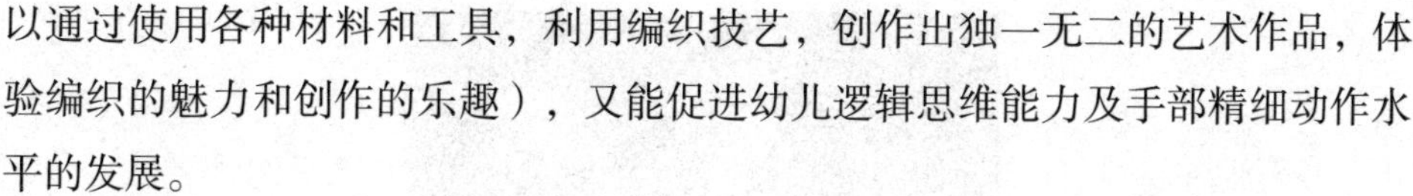

以通过使用各种材料和工具，利用编织技艺，创作出独一无二的艺术作品，体验编织的魅力和创作的乐趣），又能促进幼儿逻辑思维能力及手部精细动作水平的发展。

材料投放：

① 多种编织线：棉线、毛线、尼龙绳、草绳、绒绳、麻绳、彩织带等。

② 自然材料：玉米皮、树叶、树枝、稻草、各种木棍等。

③ 编织工具：编织机、编织框、梳子、别针、编织针、钩针、剪刀等。

④ 其他材料：各种饰品、绣花针、彩色图钉等。

语言区：

创设思路：结合小学、社团等元素，提供书籍、音频、视频等资源，帮助幼儿了解小学的生活，感受小学生活的乐趣。同时在语言区打造一个小角落，用于幼儿自制有关社团的宣传手册等。

材料投放：

① 图书资料：与音乐、小学、社团相关的绘本、科普读物等。

② 视听材料：播放与小学相关的儿歌、故事音频等。

科学区：

创设思路：

细化班级科学区材料，增添数学区。了解幼儿的数学经验积累情况，根据大班数学活动目标，确定、选择、设计数学活动并提供操作材料。

材料投放：

仿真币、数棒、七巧板、俄罗斯方块、数独操作材料。

（2）主题区域

创设思路：以时钟为主题，在教室角落创设“流逝的时钟角”，通过投放各种各样的时钟，让幼儿的学习能够在环境中持续进行。

材料投放：

各种各样的时钟、记录本、各种各样的笔等；有关时间的图书，制作时钟的各种材料。

主题角环境

2. 自主心理环境

（1）创设“心情记录墙”。幼儿将自己当天的心情变化记录下来，教师用开放性的语言引导幼儿与同伴分享自己的感受，如“当我心情难过的时候我会怎么做？”“高兴时我会怎么做？”

（2）绘制社团日记。幼儿回到家后跟爸爸妈妈分享自己在社团活动中的感受，然后亲子共同绘制社团日记。这样，在促进亲子沟通交流的同时，幼儿的能力能得到进一步发展。

（三）自主行为的激励

1. 教师激励要点

“好玩的社团”主题活动在开展过程中，幼儿可能会发生与同伴争吵、不愿参加社团、想参加所有社团等问题，但更有可能在这一过程中取得许多进步。作为活动的组织者之一的教师，可以参考下表，给予幼儿一些正面的支持与评价。

教师激励情景、激励要点及激励示范表

激励情景	激励要点	激励示范
幼儿与同伴因为社团游戏发生争吵	尊重幼儿、传授沟通技巧、减少干涉	你们发生什么事情了？针对这个问题，你有什么办法吗？我这里有两种解决方法，你们想要试一试吗？你们都很棒，能够倾听伙伴的想法并且能够尝试解决问题

续 表

激励情景	激励要点	激励示范
幼儿不愿意参加社团活动	分析背后原因，针对问题给出对策。跟幼儿平等交流，了解原因，与家长深入沟通，最后引导幼儿自我反思	你最想创建什么社团呢？我想邀请你一起参加我们的活动，你愿意吗？
幼儿想参加所有社团活动都	尊重、肯定幼儿的想法，引导幼儿合理安排自己的时间	时间是有限的，你想先参加哪个呢？为什么要先参加这个活动呢？有什么办法可以参加完所有的活动？
幼儿有了好的想法，同伴没有采纳，幼儿感到沮丧	以同伴的角色介入	我刚刚听了你的想法，我觉得很有趣，你能跟我分享一下吗？我赞同你的想法，我们一起去试一试吧
幼儿能够专注于社团活动中的任务	做好观察者，为幼儿提供充分的支持	我观察到你刚刚在很认真地完成自己的事情，你的专注力真的很强
幼儿能够自己独立完成编织作品	正面鼓励，强化幼儿的行为	你能一个人独立完成手工作品，真的很了不起

2. 家长激励要点

"好玩的社团"是一个富有新颖性的主题活动，尤其是该主题活动还与孩子们即将进入的小学有关，但基于社团具有显著的社会属性，幼儿在活动过程中可能会遇到一些人际交往的困惑，也有可能会在这个过程中发现许多与以往幼儿园生活不同的事物。为了给予幼儿更为良好的探究环境，作为家园共育的重要合作伙伴，家长们可以参考、借鉴下表。

家长激励情景、激励要点及激励示范表

激励情景	激励要点	激励示范
幼儿向家长主动表达自己的发现	神情专注、认真聆听	很开心你能跟我分享你的感受和发现，我感觉很高兴
幼儿抱怨社团活动不好玩	平等交流，分析原因，给予对策	为什么你有这种感受呢？你有想到什么办法吗？我也想到了一些办法，你要听一听吗？
幼儿想到了新的社团游戏	肯定幼儿的创新力、想象力，同时提供支持。	你的想法很有意思，需要准备什么物品呢？我可以帮你做些什么呢？

三、主题活动实施过程

兴趣驱动一：怎么创建属于自己的社团呢?

参观了哥哥姐姐的社团后，幼儿对于社团有着浓厚的兴趣，他们也想在幼儿园创建一个属于自己的社团。

思思说："我想要创建唱歌社团，因为唱歌能够给我带来快乐。"

欣欣说："我也是。"

薇薇说："我想要创建数学社团，因为马上要上小学了，我们得认真学习数学。"

孩子们如何才能从众多选择中筛选出最合适的社团？如何才能创建出属于自己的社团呢?

开始阶段：创建社团

自主探究：

1. 如何筛选社团?

在讨论喜欢的社团时，孩子们说出了很多自己想要开设的社团，如钢琴、编发、书法、数学、编织、篮球……那如何才能选出大家都喜欢的社团呢？孩子们纷纷说出了自己的想法：

品辰说："我们可以投票，票数最少的社团就不开了。"

宇恒说："我们也可以通过社团使用的场地大小来筛选，有些社团需要场地大的地方，有些社团需要场地小的地方。"

于是，孩子们对想要开展的社团进行投票统计，发现最高票的社团是手工社团，有10票。在剩余的5个社团中，应该如何筛选呢?

第一次筛选：投票统计。

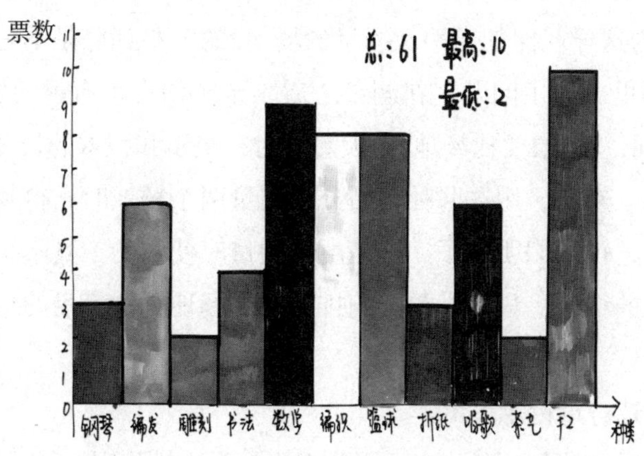

投票结果统计图

第二次筛选：测量场地。

就这样，幼儿采用了另外一种筛选社团的方式——实地勘察，测量场地。

第一次测量：幼儿分别选择了垫子、积木作为测量工具。正式行动的时候，孩子们来到了长廊，发现这个地方很合适，便用工具进行测量。然而，在测量后，孩子们得到了一个令他们困惑的结果：不管是使用垫子测量，还是使用积木测量，场地1和场地2的测量都用318块垫子和积木。为什么看起来大小不一样的测量工具，它们测量的结果都一样呢？怎样才能得到准确的数据呢？带着这个疑问孩子们决定再进行一次测量。

幼儿用不同材料自主测量

第二次测量：吸取上一次测量误差较大的经验，孩子们选择使用积木来测量场地2，因为这样就能知道两次测量的场地2的大小到底是不是一样的，也能知道究竟是哪里出现了问题。在测量之后，孩子们有了有趣的发现。场地1和场地2面积不同，场地1要比场地2更大。同时，垫子和积木的长度也存在差异，垫子比积木长。然而，用这两种物品分别测量两个场地时，得到的数量竟然相同。经过思考，孩子们明白了，这是由于测量时使用的工具不统一，才导致了这样看似矛盾的结果。最后，孩子们排除掉因场地无法满足的1个社团，剩余4个社团。

第三次筛选：辩论定去留。

现在还剩4个社团，那这4个社团还需要怎么去排除呢？孩子们发现，这4个社团里面，有2个社团的投票数量是一样的。思思说：“我们的场地只有3个，不用开这么多社团，我们是不是还可以再减1个？”一然想到了一个办法：“那就举行辩论赛，看一下到底是留下编织社团还是留下篮球社团。”于是，一场激烈的辩论赛开始了。

可可说：“编织社团可以做很多好看的作品，可以编很多漂亮的东西。”

承烨说：“打篮球可以让我们长高，编织社团不可以。”

一然说：“可是打篮球很容易受伤，编织社团它很安全。”

在孩子激烈的辩论中，篮球社团以20：15胜出，班级最终成立的社团为篮球社团、手工社团和数学社团。

幼儿辩论现场

2. 如何成为社长？

社团成立了，我们该如何组织社团活动呢？

亦临说："每个社团都应该有一位社长，让社长带着小朋友进行活动，我们应该也有一位社长。"

君君说："那社长需要做什么呢？"

安安说："社长需要带小朋友玩游戏。"

君浩说："要保护好小朋友，不要让小朋友受伤。"

可可说："跟班长一样，要管好小朋友的纪律。"

经过讨论，孩子们决定用才艺展示的方式选择社长。经过一晚上的准备，激烈的竞选正式开始！孩子们首先进行自我介绍，接着讲述自己的想法，最后展示自己的才艺。所有成员经过投票选出施品辰为篮球社的社长，李沐薇为数学社社长，巩艾霖为手工社社长。

社长竞选现场

自主反思：为了成功创建社团，孩子们纷纷发表自己的看法，但是如何选择出适合的社团呢？孩子们在思考后，选择运用"投票—测量—辩论"的方式筛选出3个最终设立的社团。当然，孩子们选择社团的方式并非一帆风顺，尤其是在测量时，孩子们在教师提供的材料中选择了积木和垫子，但是出现了大小不同的测量工具测出的结果却一样的问题。为此，孩子们认真思考，最后发现可以使用积木测量。

兴趣驱动二：社团应该开展哪些活动？

心岚："现在我们成立了社团，那么社团应该开展哪些活动？"

若琪："是啊，我之前都没玩过。"

艾霖：“我也是，要不我们周末看看别人是怎么玩的？”

带着“社团应该开展哪些活动”的疑问，幼儿利用周末的时间来到了社区，或是哥哥姐姐学校里的社团进行了体验活动。

发展阶段：社团可以开展哪些活动？

自主探究：

1. 社团活动体验

经过周末的实践体验，孩子们对社团活动已经有了许多的感受和理解，并且在晨谈时积极分享自己观察结果。

奕霆：“我去了拳击社，那里有很多的人打拳。”

宇恒：“我去了小学的棋艺社，那里的小朋友下棋很厉害，我要多学习。”

亦临：“我跟哥哥姐姐一起画画了，社团要人多才好玩。”

同时，孩子们也表达了自己的想法，如想在手工社团制作棒棒糖、想在手工社一起交流剪纸的方法等，孩子们的想法非常的丰富。

2. 招募成员

为了吸引小朋友能够积极地加入到自己的社团中，艾霖提议：“要不也跟竞选一样吧，我们轮流说一说，看谁说得好，小朋友就选谁。”于是，新上任的3位社长为了自己社团能够招收到更多的人，认真绘制了宣传海报并且发表了自己的招募宣言。

沐薇：“小朋友，请你们参加我们的数学社团，我会跟你们一起玩数学游戏哦。”

艾霖：“手工社会教你做很多的手工，制作很漂亮的作品，你可以拿来送人。”

品辰：“篮球社团可以打比赛，你们来我就教你们。”

听完社长们的发言，班级幼儿踊跃报名参加，最终数学社团招募成员11人，手工社团12人，篮球社团13人。

社团招募

3. 社团活动的时间、内容怎么确定？

社团招募成员后，沐薇表示：“我们社团应该在什么时间开始呢？现在有点迫不及待了。”到底什么时间开始合适？孩子们根据老师给出的一日生活安排表，经过投票，最终确定每周二、三、四上午的区域活动时间进行社团活动：周二进行数学社团活动，周三进行手工社团活动，周四进行篮球社团活动。除此之外，小朋友们还根据活动开始的时间制定了简单的社团时间安排表。

时间	周一	周二	周三	周四	周五
上午	×	√ 123	√	√	×
下午	×	×	×	×	×

幼儿自制的社团时间安排表

4. 社团活动开展

（1）数字对对碰。

（2）周末计划表。

（3）寻找生活中的数字。

（4）班级篮球比赛。

自主反思：社团的成立不是一帆风顺的，“设立什么社团活动？”每个小朋友都是自己的想法，怎么筛选社团活动呢？这个问题对于小朋友来说是一个难题，为了征求大家的意见，他们用常用的投票方式进行民主的决策，并且在遇到一些问题时能够自主思考并及时调整，最终初步确定了社团的类型，并让社团运营了起来。

兴趣驱动三：社团出现了很多新问题？

在社团体验的过程中，时间悄然流逝，社团活动的开展也遇到了新的问题。

篮球社社长抱怨道：“小朋友都不遵守规则，好乱，球到处跑。”

峻峻附和道：“是呀，还有些小朋友不会拍球。”

数学社社长也有自己的苦恼：“来参加数学社团的人越来越少了。”

针对以上问题，幼儿给予相应的解决办法，开始分头行动。

高潮阶段：如何更好地运营社团？

自主探究：

1.数学社团人太少，怎么办？

经历了两周数学社团活动后，有小朋友觉得社团人好少，不好玩。于是，数学社团的社长和成员们开始尝试一个一个地去邀请小朋友们参加，但是大家都不愿意。老师见小朋友没有办法解决这个的问题，建议他们也可以扩大招募范围。于是，一场更为正式的招募活动开启了。他们制作了海报，并找到班级的话筒，面向同年级的小朋友宣传，最后招募了4个小朋友。但是，数学社团的人还是很少呀！该怎么办呢？

“我们可以向更多的人介绍数学社团。”乐乐建议道。“对呀，我们还可以邀请弟弟妹妹们参加！”李沐薇开心地说着。就这样，数学社团继续扩大宣传范围，幼儿利用户外混龄时间进行了招募活动，让中班和小班的孩子也可以了解数学社团。就这样，他们社团成员又增加了8个。

宣传社团

2. 篮球社人太多，怎么办？

同期开始社团活动地篮球社团同样出现了问题，他们遇到的问题是：篮球社团的人太多了。

榴莲说："好多小朋友都是乱玩的，都没遵守规则。"

峻峻说："是啊，好多小朋友到处跑，篮球老是掉。"

宇恒说："那我们可以把会拍球的小朋友留下来，进行筛选。"

第一次筛选：面试社团成员。幼儿邀请姜医生当面试官，并且共同制定了面试的问题。比如"当你的球掉了，你会怎么做？""在参加社团活动的事情时候，什么事情不可以做？什么事情可以做呢？"面试结束，只有7个人能留下。如果社团只能留下7个人，人数有些少，显然这种筛选办法并不合适。于是，篮球社开启了第二轮筛选。

第二个筛选：技能展示，即要求成员们进行单手拍球的活动。其中有18人通过了筛选，社员依旧有很多。于是，孩子们讨论调整技能展示的难度，改为双手拍球。通过重重筛选，篮球社最终留下了10人。

自主反思：随着社团活动的开展，小朋友们发现，有的社团成员太多，而有的社团成员又太少。孩子们勇敢地说出了自己遇到的问题。怎么解决这些问题呢？他们学会向更有能力的人求助，比如教师，对于社员较少的社团，他们听取教师的建议，扩大招募范围。而成员比较多的篮球社团，孩子们根据已有经验想出了"面试筛选"的点子，并且大胆地将自己的想法落实。最终，社团里出现的问题都被孩子们解决了。

四、主题活动实施反思

（一）对主题活动开展过程和效果的反思

"好玩的社团"主题活动是幼儿园较新颖的教育活动，该主题活动的选择既能满足幼儿的兴趣和好奇心，又能帮助幼儿从身心、社会、学习、生活四大方面做好从幼儿园步入小学的准备。在主题活动实施的过程中，该主题活动充分挖掘周边资源，比如当幼儿不了解社团时，教师利用家长资源推动主题活动的开展。虽然幼儿对此主题活动有着浓厚的兴趣，但活动内容还可以进一步丰富。例如，可以增加老成员，让其当小老师，教新成员新的游戏。社团游戏对幼儿存在年龄上的局限，教师在日常的生活中可以多给予幼儿相应的支持。

（二）对幼儿自主发展的反思

在此次的主题活动过程中，幼儿不仅获得了成功和喜悦，同时在自主发展方面也有了不错的表现。每一次的尝试总能听到幼儿稚嫩而有活力的回应，"我想""我要""我可以"等词汇正是幼儿自主的表达。在活动中，幼儿能够积极主动地想办法，并因此感受到愉快，有强烈的集体荣誉感。同时，幼儿能敏锐发现社团活动中的问题，联系实际分析原因，并且去解决问题，体现了幼儿自主学习的发展。

（三）对教师教育行为的反思

主题活动的开展让我们懂得了，只有相信孩子，才能看到希望。我们要相信孩子的力量，每个人来到这个世界上都被赋予了成功的潜能和无限发展的可能。教师在主题活动实施的过程中，秉持相信孩子、尊重孩子、跟随孩子的原则，当幼儿给出解决社团人多和人少的方法时，教师作为一名观察者，鼓励幼儿大胆地尝试。当幼儿缺乏相应的经验时，教师转变角色，成为"支持者"，适当介入，为幼儿提供材料支持，推动主题活动的进一步发展。

五、整理课程资源

"好玩的社团"课程资源表

适用年龄阶段	5~6岁幼儿（大班）
幼儿获得的发展	通过主题活动，幼儿对社团有了一定的了解，对于上小学也有了更加积极的情绪，渴望上小学，想参加小学社团活动。同时，提高了幼儿语言表达、书写能力，在一定程度上发展了幼儿的创新能力。在活动中，幼儿感受到与同伴玩耍的乐趣，体验到发现问题、解决问题后的成功的喜悦
资源的开发与利用	社区资源：文景小学、小区社团
主题生成点	篮球社人太多，秩序混乱，怎么办？数学社人太少，怎么办？
推荐书目	教师：《3—6岁儿童学习与发展指南》 幼儿：《数学帮帮忙》《数学世界》《鼠小弟爱数学》《李毓佩数学童话集》《藏在童话里的数学》《好玩的数学绘本》
特别建议	开展该主题活动需保证幼儿对社团活动具有高度的兴趣

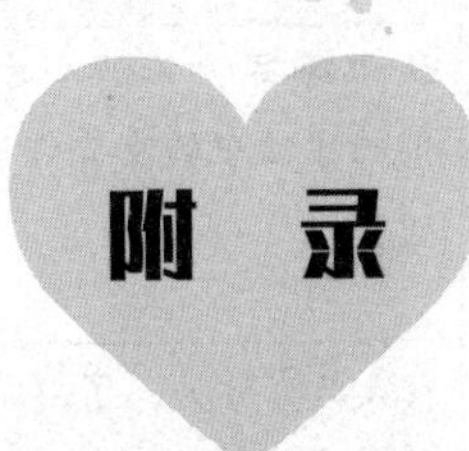

幼儿园课程资源一览表

类型	名称		内容	幼儿获得的发展	可开展的活动 （包含主题、活动）
人力资源	园内资源	园所文化展示墙	园所办园理念、教育理念等	让幼儿感受幼儿园的温馨氛围，为幼儿园感到自豪	主题活动： 我爱我的幼儿园
		园内教职工	园长、教师、园医、厨师、保安等	认识幼儿园的人，增进师幼情感，增强幼儿的安全感	社会活动：认识幼儿园为我们服务的人；庆祝教师节 艺术活动：学画我的老师 主题：我爱我的幼儿园
	园外资源	家长以及社区资源	眼科医生、牙科医生、小学老师、教练等，以及社区保安、物业管理人员	了解各种各样的职业，体验各种职业的辛苦，激发感恩之心	健康活动：保护眼睛、牙齿 社会活动：参观小学；认识教师、护士、保安与警察的区别 艺术活动：制作贺卡，认识各行各业的人、我的牙齿、我的五官，设计学校
		中兴洗车场	洗车场、汽车、洗车工	体验洗车工的工作内容，感受工作带来的喜悦和成就感	社会活动：参观洗车场 艺术活动：绘画并设计“中心洗车场” 语言活动：阅读绘本《去洗车房看洗车》 科学活动：认识、统计洗车工具

续 表

类型	名称		内容	幼儿获得的发展	可开展的活动（包含主题、活动）
		布吉派出所	警察、派出所	认识警察，了解警察在我们的生活中的重要作用	社会活动：认识警察，警察走进幼儿园，开展安全教育；了解中国人民警察节
		消防站	消防员、消防设施、消防车	1.认识消防员，了解消防员对我们生活的重要性。 2.认识各种消防设施设备，了解消防员的工作内容，感受消防员的辛苦，培养幼儿的感恩之情	社会活动：认识消防员；了解消防员的本领；争当救援小能手 艺术活动：扮演小小消防员，学习消防员叔叔的本领 主题：消防员
		木棉湾地铁站	地铁、地铁站、售票机、线路图	1.通过参观地铁站，认识、了解乘坐地铁的流程、安全知识，促进幼儿社会性的发展。 2.通过观察地铁线路图，提高幼儿的观察能力和空间方位感。 3.通过购买地铁票，发展幼儿的数学认知能力	社会活动：参观地铁站 艺术活动：设计地铁 主题：地铁
物质资源	园内资源	幼儿园饲养区	垂耳兔、鸡、鸭、松鼠	1.通过对小动物的观察，深入了解动物的外形特征、生活习性。 2.愿意并用语言和艺术创作来表达对小动物的喜爱。 3.在与小动物的亲密接触中学习如何照顾小动物，萌发亲近自然、爱护小动物的情感	艺术活动：设计装饰小动物的家 健康活动：开展生命教育，照顾鸡、鸭的饮食 科学活动：了解动物的成长过程 主题：小兔乖乖；嗨！蛋宝宝；你好“鸭”
		幼儿园种植区	番茄、桑葚树、番石榴树等	1.了解各种植物的名称、外形特征、内部结构和种类。	健康活动：了解植物的奥秘 艺术活动：制作黏土果实 主题：番茄、桑葚等

续表

类型	名称		内容	幼儿获得的发展	可开展的活动（包含主题、活动）
				2.学习制作各种食物的方法，尝试亲手制作各种美食。 3.通过看、摸、尝、玩的方式，萌发对各种植物的喜爱之情	
		幼儿园沙水区	水、沙子等	1.了解沙水的用处，懂得人们的生活离不开水，初步萌发珍惜沙水资源的环保意识。 2.乐于观察、探索周围环境中的沙水，喜欢在各种玩沙、玩水活动中了解沙水的主要特征。 3.愿意与同伴一起用自己喜欢的方式，创造性地表达自己对沙水的经验	科学活动：研究沙水的特性 艺术活动：绘制美丽的沙画、浮水画、泡泡画 主题："沙沙"作乐、好玩的水
		功能室及大型设备	美术室、图书室、大型玩具等	1.培养创造力、想象力、审美能力、手工技能等。 2.培养阅读兴趣和习惯，提升语言表达和倾听能力，发展社交技能和情感交流能力，了解多元文化。 3.发展身体的运动能力，社交及合作技能，解决问题的能力，情绪管理的能力	语言活动：朗读比赛，图书寻宝大冒险 艺术活动：图书DIY，多元文化图书展 健康活动：勇敢者之路挑战赛 主题：我们的滑滑图书馆、变形记
	园外资源	木棉湾佳兆业商场	商场、电影院、钱币、收银台	1.帮助幼儿了解社会规则和人际交往，培养他们的社交能力。 2.认识并使用钱币，掌握数与量的变化。 3.体验与同伴合作的乐趣	社会活动：参观木棉湾佳兆业商场 科学活动：认识电影院，学习数量对应，认识钱币 语言活动：正确使用礼貌用语 艺术活动：设计佳兆业商场

续表

类型	名称		内容	幼儿获得的发展	可开展的活动（包含主题、活动）
		深圳地铁公园	绿皮火车	1.了解绿皮火车和现代火车的不同之处。 2.通过观察，积累丰富的语言词汇，提高认知能力。 让幼儿观察周围环境，激发幼儿的想象力和创造力	社会活动：参观绿皮火车
		信义荔山公园	荔枝树	1.探索自然，认识荔枝树。 2.让幼儿亲近大自然，感受大自然的美妙，激发幼儿的探索欲望。 3.培养幼儿的社交技能和情感认知能力	社会活动：给树浇水 艺术活动：自然写生
		文景社区公园	昆虫、公园	1.发展幼儿的想象力和创造力。 2.让幼儿表达自己的情感，增强情感交流能力。 3.幼儿能够通过观察和记录，了解昆虫的特征和习性	社会活动：踏青 科学活动：观察昆虫
		石芽岭公园	泥土、树叶	1.培养幼儿的观察能力，提高幼儿的环保意识。 2.引导幼儿珍惜环境，培养环保意识。 3.培养幼儿的社会交往能力	社会活动：争做环保小卫士 科学活动：了解泥土的秘密 艺术活动：制作树叶粘贴画
		风地岭	光、植物	1.探索感官世界，让发散幼儿思维，培养幼儿的好奇心和探索欲望。 2.促进幼儿的体能发展，增强身体素质。 3.增强幼儿的友谊和合作精神	科学活动：光影游戏 艺术活动：植物拓印

续表

类型	名称		内容	幼儿获得的发展	可开展的活动（包含主题、活动）
文化资源	园内资源	活动照片展示墙	活动照片等展示	让幼儿看到自己的活动照片，喜欢同伴和幼儿园	主题：不一样的我们
		各类活动开展	六一亲子运动会、主题活动结题会等	积极参加活动，增进亲子情感	儿童节：举办跳蚤市场、组织亲子游园等活动 运动会：爱国主题、奥运主题、传统文化主题等
		家园共育活动	家长会、家委会、家长义工等	增进家园情感，增进亲子感情	主题活动：家长课堂、爸妈讲故事
	园外资源	大芬油画村	画家及游客；各种各样的画作，包括风景画、人物画、抽象画等，以及传统手工艺品、画框等各种各样的商铺	1.感受与欣赏美。 2.喜欢欣赏多种多样的艺术形式和作品。 3.喜欢参加艺术活动并大胆表现。 4.具有初步的艺术表现和创造能力	主题：美术节、作品展、大芬油画村
		布吉火车东站	铁路、火车	1.促进幼儿社会认知发展 2.促进幼儿感知与运动能力的发展 3.积极参与活动，体验探究的乐趣	社会活动：了解铁路创建历史 科学活动：了解火车的构造，了解火车的线路
		甘坑客家小镇	客家建筑、乡村田园	1.欣赏乡村风光，体验乡村民间游戏，感受风俗民情的多样性和趣味性，萌发爱家乡、爱祖国的情感。 2.感受田园风光，近距离接触大自然，学习果蔬种植经验。 3.学习创编儿歌，会用音乐、美术等多种艺术形式表现乡村风光和乡村生活	主题：美食节 社会活动：认识客家建筑、民间艺术、民间游戏

续 表

类型	名称		内容	幼儿获得的发展	可开展的活动（包含主题、活动）
		布吉老街	陀螺、皮影、跳蚤市场	1.探访老街的历史与文化，感受老街传统风俗文化和历史建筑的艺术创作风格。 2.了解老街历史文化，用线描的形式来表现老街特色建筑的特征	社会活动：参观跳蚤市场、老街、店铺，参加民间游戏（玩转陀螺、皮影戏、穿街走巷闹元宵）
		东江潮红色文化博览馆	2 000多件红色历史文物，包含各种英雄人物及文物的介绍	1.让幼儿了解中国革命历史和英雄事迹，如抗日战争、解放战争等，认识红色在中国文化中的象征意义，如红旗、红领巾等，它代表革命、进步、英勇、牺牲等精神。 2.通过红色教育活动，如讲述革命故事、朗诵红色诗歌等，提高幼儿的语言表达能力，培养爱国情感和民族精神	社会活动：参观纪念馆 语言活动：讲述革命英雄的故事
信息网络资源（辅助资源）	可使用的工具		微信小程序：幼师早知、幼师贝壳…… 微信公众号：学前智库、Children Research……	感受现代科技带来的乐趣，激发幼儿的学习兴趣，提高参与度，发展幼儿的多元智能	科学活动：探索科技世界，互动学习乐园大探险 语言活动：故事会
	可下载的资源		公开课：教视网、浙江微课网。 教案、课件：屈老师教案网、当代学前教育网	促进幼儿的多元化学习，培养自主学习能力，提升社交技能。	主题：世界文化大观 科学活动：探索科学的奥秘 艺术活动：艺术创想天地大冒险

续 表

类型	名称	内容	幼儿获得的发展	可开展的活动（包含主题、活动）
	幼儿可使用的新技术	AI：大芬佳纷天地、丹竹头星悦天地乐高编程。VR：布吉万象汇乐客VR游戏、全息投影技术	通过触摸、点击、拖拽等学习，激发幼儿的学习兴趣，提高参与度，感受现代科技的魅力，获取各种知识	社会活动：体验虚拟现实、游戏竞赛 科学活动：体验科技的魅力

光影的魔法：我与孩子的成长之旅

中一班　侯远哲妈妈

教育理念：育儿即育己，家庭教育是一场言传身教的双向修行。

记得有一天晚上，我和儿子在小区散步，儿子突然盯着身后的影子说：“妈妈，那是什么？”看着他有些兴奋又困惑的表情，我说：“那是你的影子呀。”“看！妈妈，你也有影子。”我们在笑声中追逐着彼此的影子，为这一发现欣喜不已，但并没有做深入的探究。

当吴老师宣布将“光影随行”作为本学期的教学活动时，我心中充满了期待，又有些许疑惑。光影，这个我们日常生活中随处可见、却又常常被忽视的自然现象，能带给孩子们怎样的成长体验呢？周五放学的时候，儿子带回一张关于影子的调查表，对我说：“妈妈，老师让我们一起寻找身边的影子，还要记录下来，记得一定要跟我一起做哦。”对于老师布置的任务，他向来十分认真。周六这天，阳光甚是明媚，看着儿子在玩自己的“车队”，我让他拿一张白纸，再摆几辆玩具车，将其放在阳台上有阳光的地方。“妈妈，快看，是车的影子。”儿子说。接着儿子如法炮制，拿出他的恐龙玩具，依次摆上，白纸上赫然出现上了恐龙的影子。“霸王龙来了，我要吃掉你们……”儿子兴奋地说。看着儿子专注而好奇的眼神，我意识到，光影主题不仅仅是一次简单的活动，更是一次对孩子们好奇心的满足和启发。

随着活动的深入，老师们设计了一系列有趣的光影游戏，比如在教室设置“光影小屋”，投放了孩子们感兴趣的彩色积木和手电筒，孩子们在这里可以进行光影游戏。又如在家庭中玩影子游戏，儿子说：“妈妈，你看，我走近一点，影子就变大；走远一点，影子就变小。”那一刻，我有点讶异，这可是孩子通过自主探索得出来的答案呢，他对于影子的认识在不断丰富。当看到班级群分享的一幕幕亲子影子游戏剪影时，那透过屏幕洋溢出的欢乐和童心感染了我，与其说这是孩子们的光影魔法之旅，倒不如说也是大人们的一次童心回归。我还记得第一次看到梦幻灯的时候，对着满墙旋转的星光，儿子雀跃好奇的样子。孩子作为天生的艺术家，对光影的奥秘充满了好奇。除了游戏之外，教师还引导孩子们用各种材料制作自己的光影艺术品。有的孩子用彩色纸剪出了美丽的花朵和蝴蝶，用手电筒一照，墙上就呈现出了一幅幅美丽的光影画作；有的孩子用废旧的材料制作出了各种立体造型，放在灯光下，形成了各种有趣的光影效果。我和儿子用纸杯子做了一个旋转的投影仪，儿子兴奋地旋转着杯子，欣赏着光影的变化。他告诉我，他看到了彩虹，还发现了光影的颜色和形状会随着杯子的旋转而改变。我被儿子这种对细节的敏感和观察力所打动，也感叹于他对美的追求和欣赏。接下来，儿子每次回家都会跟我分享班级“爱莎照相馆”的活动进程，如投票确定创设区域、给照相馆取名字、设计照相馆、照相馆角色扮演等。儿子还要求我带他去实地参观了照相馆的布局。光影就是那么神奇，吸引着孩子们不断探索。

在光影活动的旅程中，我逐渐发现，这不仅仅是一次简单的知识探索，更是一次心灵的触动和成长的见证。每当回想起那些与儿子共同度过的瞬间，我的心中都充满了深深的感动和满足。在光影的世界里，儿子不仅仅是一个学习者，还是一个合作者，更是一个创造者。他用自己的双手，创作出了独一无二的作品；他用自己的想象，将平凡的光影变成了奇幻的梦境；他通过分工合作，学会了倾听和沟通。儿子每一次的尝试和努力，都让我看到了他身上的无限可能。我为他的成长感到骄傲，也为他的创造力感到自豪。同时我也为自己能陪伴他度过这段美好的时光而感到庆幸。在这个快速变化的世界里，能够静下心来陪伴孩子去探索、去发现、去创造，是一件多么珍贵的事情。

感谢幼儿园和教师精心设计的光影主题活动，光影的魔法将会永远留在我们的心中，成为我们共同的记忆和宝藏。在未来的岁月里，我们会一起回忆那些美好的时光，一起分享那些感动的瞬间。这份感动将会伴随我们走过每一个春夏秋冬，成为我们生命中永恒的温暖之光。

教育札记点评：

普鲁塔克说过：“儿童的心灵不是一个需要填满的罐子，而是一个需要点燃的火种。”教育就是要点燃儿童心灵的火种。我们成人应该本着课程游戏化、生活化的理念，追随孩子的兴趣，捕捉孩子兴趣的生长点；尊重孩子个体生命的价值，唤醒孩子的主体意识。在课程的行进中，真正做到眼中有孩子，让孩子眼中有快乐，让我们在每一个场域里都能看到爱和自由，看见生命成长的力量。

依依干饭记

小三班　石礼依妈妈

教育理念：每朵花，都有自己的花期。让我们备好阳光雨露，看见成长，静待花开。

“吃饭啦！吃饭啦！”我兴奋地喊着，将一盘盘美食端上餐桌。“不，我不饿。”依依目不转睛地看着电视，头也不回地说。

在我们家，这样的画面不知上演过多少次。家里有一个不爱吃饭的宝宝，该怎么去引导呢？我们曾试过简单粗暴的办法，爸爸愤愤然关掉电视，把她抱到桌前，厉声说道：“吃饭，吃完了再玩！”她满眼噙着泪花，边吃边哭。有时候哭得急了，又把吃下去的吐了出来。这样的方式，似乎让孩子对吃饭这件事产生了更大的排斥，粗暴的方式不可取。

寓教于乐，活动激趣。我从动画片中习得了有趣的游戏法，便积极尝试起来。我拿着饭勺扮演着小猪佩奇：“来来来，火车要进山洞啦！依依的山洞快打开，火车火车开进来！”依依一开始觉得很有趣，长大嘴巴吃了好几口。但是，几口过后就觉得没意思了。而且，这样的喂饭方式，也不是长久之计啊！得让她自己愿意吃才行。

是不是饭菜的口味，她不喜欢？我和奶奶反思起来。奶奶想尽办法调整饭菜味道，我也下厨做了几次。鱼香肉丝、蒜蓉青菜、可乐鸡翅、胡萝卜排骨汤、粉笼床……按照“小红书”软件上的菜谱，各大菜系轮番做。啊，依依能主动吃饭了，吃得也慢慢多了。但她依旧无比挑食，依旧依赖大人喂饭。

都说书籍是人类进步的阶梯，何不借用书籍的力量呢？依依喜欢阅读，每天都要读几本绘本才肯睡觉。我想不妨通过绘本引导，让她对吃饭这件事提起兴趣来。我找来《妈妈娃娃》这本书，给她讲小龙吃饭的故事。我又找来《一园青菜成了精》，告诉她每种青菜都有不同的味道和营养。我还给她读《好饿好饿的毛毛虫》，告诉她吃各种各样的食物可以让我们快快长大，变成美丽的蝴蝶呢。依依非常喜欢这些故事，但依旧挑食不爱吃饭，依旧需要大人连哄带喂才肯吃饭。

面对这样依赖父母的她，我们该怎么办呢？借用幼儿园的力量吧，不如向老师求助。毕竟孩子在幼儿园都是自己吃饭的，我们的老师一定有好办法。班主任廖老师知道了依依吃饭的困难后，特别留意了她的用餐情况。她发现依依吃饭时会掉很多饭粒，有时吃饭爱和同桌聊天，于是对依依进行了谈话引导。依依非常听老师的话，边吃边玩的情况得到了很大改善。班上的老师们还针对小朋友们的吃饭问题，开展了多种趣味活动。其中，最让我们受益的是"光盘"打卡行动。老师请家长拍下孩子在家吃完饭的照片，分享给她。这下，好强的依依一下子对吃饭提起了兴趣，为了获得"光盘之星"，每次用餐时，她都主动坐在桌前，一口一口地将饭菜吃进嘴里。吃完饭后，她高兴地催促我拍照发给老师。经过连续7天的打卡，依依主动吃饭的事情忽然间迎刃而解了。早餐、午餐、晚餐，依依都要把光盘的照片发给老师看。当她笑眯眯地捧着奖品回来时，脸上写满胜利者的自豪。

劳动教育中的亲身实践，能让孩子知道食物的珍贵。我带着依依来到楼顶的小菜园，给菜苗浇水施肥，看着它们一天天长大。我们采下新鲜的菜叶回来做汤。那一次，依依尝到了劳动的果实，高兴地说："妈妈，青菜真好吃。"

渐渐地，如同连锁反应一般，依依也发生了其他微妙的变化，她变得越来越自信和懂事了。每逢佳节，她和堂妹见面时，她会认真地教导堂妹："吃饭不能挑食哦！你看我，我会自己吃，要这样吃饭。"每次吃完饭后，她常常会给奶奶点个大拇指，感谢奶奶的辛勤付出。她还能够把她的玩具放进玩具柜里，外出时不忘清点物品，在外从不丢三落四。她能够照顾好她的小鸡，每天放学回来给小鸡宝宝喂食，带小鸡下楼溜达。

依依的"干饭记"在多方努力下，顺利落下了帷幕。老师鼓励和班集体的认可，给了依依强大的动力，促使她完成了自我的成长。与其说这是一场斗智斗勇的"干饭记"，倒不如说依依在自理能力方面登上了新的台阶。她学会了尊重粮食，学会了自己的事情自己做。责任、感恩、担当的小种子，在她的心中悄然发芽。在她成长的道路上，还会有许多的新问题、新挑战，愿我的小姑娘勇往直前，乘风破浪！

教育札记点评：

当孩子吃饭遇到问题时，家长积极思考，寻找解决的方法。通过游戏生活化的方式，孩子学会了自主吃饭，养成了良好的用餐习惯，提高了自我服务能力，萌发了爱惜粮食、尊重劳动者的情感。

一日生活皆课程，有时看似一件很小的事，也会成为提高孩子自我服务能力的良好契机。培养孩子良好的生活习惯，是一个漫长的过程。我们要相信孩子，持之以恒，多指导、不包办，多鼓励、少指责，孩子的成长远超乎我们的想象。

自主用餐点亮了孩子的生活乐趣，孩子在亲身体验和实际操作中不断成长，这就是我们所希望与倡导的。

记录生活点滴，见证孩子成长

中二班　张蔚蓝妈妈

教育理念：好习惯可以帮助孩子建立强大的内在驱动力，这种驱动力是潜能得以充分展现的关键。

幼儿园是孩子成长的重要阶段，也是孩子养成良好行为习惯、塑造人格的重要阶段！作为家长，我们能够亲眼见证孩子在幼儿园的成长变化过程，真是一件幸福的事情！

记得我的孩子初入幼儿园时，面对陌生的环境、小朋友、老师等，这些都让她感到不安和孤独。这种由家庭到学校、由熟悉到陌生的转变过程，对她的心理有着重要影响。她需要适应新的学习和生活方式，与陌生的老师和同学建立起联系和信任关系。这个过程是逐步的，且充满了挑战和探索。我的孩子对于新的规则和环境需要时间去适应和理解。这个阶段，幼儿园老师的角色尤为重要，是她们以温暖的态度和耐心的引导，帮助我的孩子度过了这个适应期，建立起了对新环境的熟悉感。除了老师的引导外，身边的同学也扮演着重要角色。通过与同学们的互动，她和同学之间逐渐建立起了友谊和信任。在这个过程中，幼儿园老师安排的游戏和合作活动起着重要的作用，这些活动能帮助她增强社交技能和团队意识。适应期过后，我的孩子逐渐理解和认同幼儿园的环境和规则，开始享受学习和探索的乐趣，与老师和同学之间建立起了良好的关系，并且能够更加自信地参与各种活动和课程，这为她未来的学习和成长奠定了良好的基础。

喜欢涂涂画画，应该是孩子们的天性。在她上幼儿园之前，我对孩子的绘画是没有任何要求的，所以她的画总是凌乱的、无序的。通过一段时间的观察，我发现我的孩子在美术创作方面有了显著的进步。这源于幼儿园的老师们组织了一系列富有趣味性和启发性的活动。老师们引导孩子们观察身边的事物，激发他们对于色彩、形状、纹理等方面的好奇心。老师通过提供丰富的绘画工具和材料，如颜料、彩纸、画笔等，让孩子们得以自由地表达自己的想法和情感。小二班时，我和我的孩子共同完成了“嗨，颜色”这个主题绘画创作，在绘画过程中，我只是给孩子提供一些工具，让她发挥想象力自由创作。出乎意料的是，她采用独特的方式方法利用这些工具来画画，例如，她会用吸管吹出海草的造型，用手指点出不同大小的色块做出不同的小鱼，整个画面营造出海洋生物大聚会的氛围。当老师让她在班上展示并简单介绍她的作品时，她尽情地描述着自己心中的海洋，与同学们一起分享自己的感受与想法。

除此之外，幼儿园还开展了不同系列的主题活动。比如，在“职业”主题活动中，孩子通过角色扮演的方式，走进医生、教师、消防员、警察等不同职业角色，不仅拓宽了孩子对多元职业的理解和尊重，也在模拟实践中促进了情感、认知与社交技能的发展。有一次，我问孩子长大了想做什么职业，她回答说：“老师。”我又问：“难道是想像妈妈一样吗？”她回答：“我要像陈老师一样。”（陈老师是她的班主任）这时，我知道陈老师是一位可爱可敬的老师，在孩子的心里面，陈老师就是教师行业的代表。

又如，自理能力活动比赛旨在检验孩子在日常生活中自理能力的熟练程度，提高孩子的动手能力。在这个活动中，我的孩子获得了一等奖，我高兴极了！在家里，有时候孩子看到我在叠被子，她会主动过来帮忙，并用她在幼儿园学到的技巧来叠被子。我欣慰地发现我的孩子真的长大了，她在不断地成长、进步！

再如，“我们的小区”主题活动的举行，加强了孩子对所居住社区文化的认识与了解；家长参与下的立体构成作业让孩子在模拟建构中锻炼观察力，加强了孩子对周边环境的认知。

孩子这一切的改变与进步，离不开老师们的细致关怀和精心设计的课程。正是老师们的不懈努力，才能让孩子们在欢乐中成长，让幼儿园成为他们心灵成长的摇篮。只有幼儿园和家庭紧密合作，共同呵护孩子们的成长，才能让他们茁壮成长，成为社会的栋梁之材。

教育札记点评：

家长是教师开展教育活动的有效协助者。《幼儿园教育纲要（试行）》提出："家庭是幼儿园重要的合作伙伴。应本着尊重、平等、合作的原则，争取家长的理解、支持和主动参与，并积极支持、帮助家长提高教育能力。"在开展主题活动的过程中，家长应积极参与到探究中，做好家园紧密连接，丰富孩子们已有的生活经验，增进亲子感情。